小学校に入学後、3年間で親がやっておきたい子育て

日本親勉アカデミー協会 代表理事
小室尚子

SOGO HOREI PUBLISHING CO., LTD

はじめに

「宿題をしない」
「勉強に興味を示さない」
「落ち着きがなく集中力に欠ける」……

私はこんなお母さんたちの悩みを、13年間聞いてきました。
そしてそのつど、「大丈夫です、勉強を遊びに変えれば良いのです」とお答えしています。実際に私はこの方法で、6000人を超える子どもたちを、自ら勉強する子どもに変えてきました。

はじめまして。日本親勉アカデミー協会の小室尚子と申します。私は、10年間の学習塾経営を経て、現在、楽しく遊ぶように勉強する家庭学習法「親勉」を全国のインストラクターとともに教えています。

この学習法が従来の学習法と大きく違う点は、勉強と遊びをミックスしていることです。そのため、親勉をやっている子どもは、勉強を勉強と捉えていません。〝遊び〟と思って、楽しみながらやっています。

実際に親勉を実践しているご家庭では、

- 7歳の娘が、1週間で都道府県と特産物をすべて覚えてしまいました。おもちゃの延長で、伝統工芸品である赤べこや鳴子こけしを欲しがります。
- 9歳の息子が、2週間で歴史上の人物の名前と活躍した時代をすべて覚えました。「歴史上の人物に縁のある史跡名所に連れて行ってほしい」とせがむので、旅行に行くときは、歴史にからめて行くようになりました。
- 漢字の書き取りが大嫌いだった小学1年生の息子が、親勉をやったら漢字が大好きになりました。いまでは自ら漢和辞典をひいて宿題をしています。

……などの声が続々と届いています。

「そんなお子さんがいる家庭は、きっと特別なんでしょう！」と思う方もいるかもしれません。けれども、いま紹介した子どもたちは、抜きん出て成績が優秀なわけでも、失礼ながら、お母さんの学歴が高いわけでもありません。住んでいるところもバラバラ。大都市に住む子どももいれば、1クラス10人程度しかいないような地方に住む子どもまで、環境は様々です。中には海外に住んでいる子どももいます。それでも、みんな楽しんで学んでいます。

ではなぜ、環境や年齢が違っても、等しく楽しく学べるのでしょうか。
それは、楽しく学ぶとワクワクするからです。

子どもが唯一すすんでやるものといえば、「遊び」です。
つまり、勉強を遊びに変えてしまえば、「勉強しなさい」と言わなくても、自らすすんで勉強する子どもに成長していくのです。

では、自ら勉強する子どもを育てるために、親は何をすれば良いのでしょうか。その方法をこれからお伝えしていきます。

本書は、全6章で構成されています。いきなり親勉を体験したい方は各章末にある問題から始めてください。ここには、中学受験にも出てくるような問題を掲載していますが、小学生でもできるようにクイズ形式にアレンジした問題となっています。「まずは子どもを勉強好きにする土台から学びたい」という方は、ぜひこのまま順に読み進めてもらえたら幸いです。

この本では、「勉強はつらくて大変なもの」という一般常識を覆すことを期待して書き上げました。さあ、遊ぶように勉強する学習法「親勉」で、わが子がすすんで勉強する姿を想像して、ぜひページをめくってください。

小室尚子

第1章
小学校低学年のうちに「遊びながら学ぶ」習慣をつける

第2章 すすんで学ぶ子どもに育てる親の7つの習慣

第3章
遊び好きを「勉強好き」に変えるしくみとしかけ

第4章 勉強好きな子どもを育てる親の言葉

第5章 親のストレスをなくす！ 子育てQ&A

第6章

楽しみながら学んだ子どものその後

ブックデザイン・本文イラスト　藤塚尚子（ISSHIKI）
カバーイラスト　高田真弓
問題イラスト　めとめ株式会社
DTP　横内俊彦
編集　大島永理乃

第1章

小学校低学年のうちに「遊びながら学ぶ」習慣をつける

おやべんドリル
こくご①

にんべん（イ）をさがして　○をつけよう。

答　体
忘　顔　組
技　願
浴　頭　妹
教　佳
住　指　海

※かいとうは 192 ページ

41　DRILL

親子の会話例

漢字って「部首」で作られているんだよ。

？「ぶしゅ」ってなあに？

漢字のいち部分だよ。カタカナのイみたいなのを「ニンベン」と言うよ。

へー、そうなんだ。

この新聞（雑誌）の中にニンベンはないかな？　一緒に探してみよう。

DRILL　40

ドリル問題

各章末には、遊びながら学ぶドリルを用意しました。国語・算数・理科・社会・英語の5科目の問題を初級・中級・上級の3段階に分けて掲載しています。子どもの理解度に応じてお使いください。

親子の会話例

子どもとどのような会話をしながらドリルをすればよいか紹介しています。私が実際にこれまで試して盛り上がった会話、うまくいった会話を中心に掲載しています。ぜひ参考にしてください。

本書の使い方

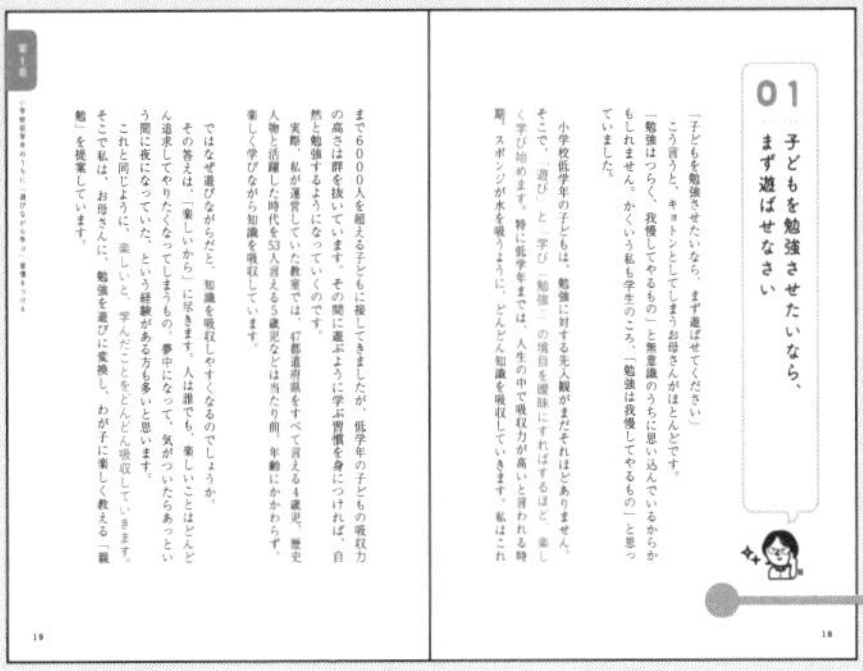

01
子どもを勉強させたいなら、まず遊ばせなさい

第1章～第4章

すすんで学ぶ子どもを育てるために、日頃お母さんが気をつけるポイントや子どもとの接し方について紹介しています。また勉強好きを育てる第一歩は遊び好きを育てること。そのしくみづくりについても触れています。

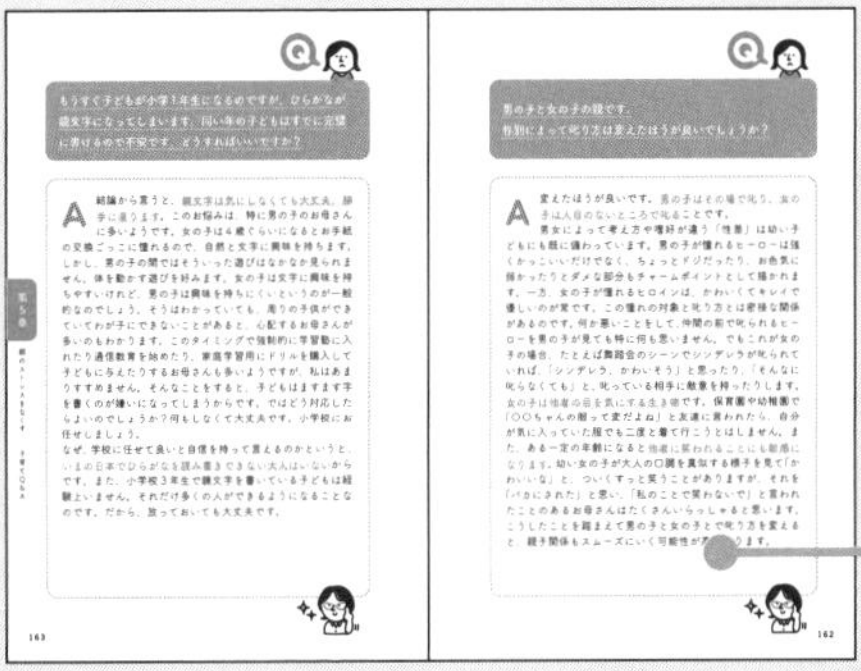

第5章 親のストレスをなくす！子育てQ＆A

これまで数千人の小学生の子どもを持つお母さんと接してきたなかで特に多かった悩みを紹介。今日から実践できる方法を中心にアドバイスしています。子育てに悩んだら、ぜひ参考にしてください。

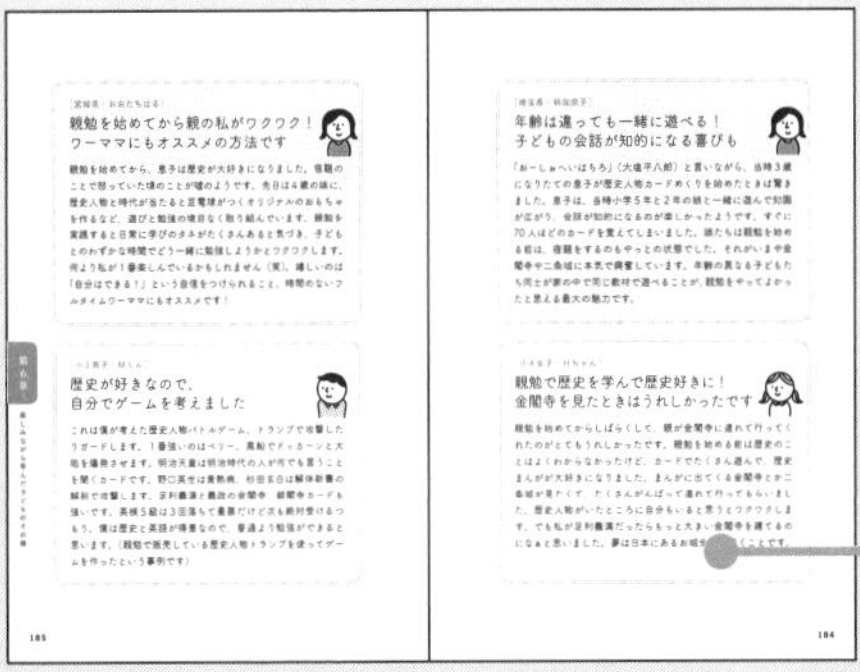

親勉を始めてから親の私がワクワク！ワーママにもオススメの方法です
歴史が好きなので、自分でゲームを考えました
年齢は違っても一緒に遊べる！子どもの会話が知的になる喜びも
親勉で歴史を学んで歴史好きに！金閣寺を見たときはうれしかったです

第6章 楽しみながら学んだ子どものその後

私の提唱する「親勉」を学んだ子どもがその後、どんなふうに変化しているのか、全国の親子にアンケートを取りました。勉強が好きでなかった子どもがどんな風に変わったのか、その変化を実感してください。

※この本は男女関係なく、保護者のみなさんに読んでいただきたくて作りました。
そのため本来であれば「お父さん・お母さん」という表記をすべきところですが、
私がこれまで接してきた保護者の9割以上はお母さんだったため、
本書の中では「お母さん」と統一して表記させていただきます。
あらかじめご了承ください。

第1章

小学校低学年のうちに「遊びながら学ぶ」習慣をつける

01
子どもを勉強させたいなら、まず遊ばせなさい

「子どもを勉強させたいなら、まず遊ばせてください」

こう言うと、キョトンとしてしまうお母さんがほとんどです。

「勉強はつらく、我慢してやるもの」と無意識のうちに思い込んでいるからかもしれません。かくいう私も学生のころ、「勉強は我慢してやるもの」と思っていました。

小学校低学年の子どもは、勉強に対する先入観がまだそれほどありません。

そこで、**「遊び」と「勉強」の境目を曖昧にすればするほど、楽しく学び始めます**。特に低学年までは、人生の中で吸収力が高いと言われる時期。スポンジが水を吸うように、どんどん知識を吸収していきます。私はこれまで60

00人を超える子どもに接してきましたが、低学年の子どもの吸収力の高さは群を抜いています。その間に遊ぶように学ぶ習慣を身につければ、自然と勉強するようになっていくのです。

実際、私が運営していた教室では、47都道府県をすべて言える4歳児、歴史上の人物と活躍した時代を53人言える5歳児などは当たり前。年齢にかかわらず、楽しく学びながら知識を吸収しています。

ではなぜ遊びながらだと、知識を吸収しやすくなるのでしょうか。

その答えは、「楽しいから」に尽きます。人は誰でも、楽しいことはどんどん追求してやりたくなってしまうもの。夢中になって、気がついたらあっという間に夜になっていた、という経験がある方も多いと思います。

これと同じように、**楽しいと、学んだことをどんどん吸収していきます。**

そこで私はお母さん方に、勉強を遊びに変換し、わが子に楽しく教える「親勉」を提案しています。

親勉は、子どもが「好き」と思っていることに、勉強の要素を少し加えるだけ。忙しくても、勉強が得意でなくても、子どもと一緒に楽しめます。その具体的な方法を、第2章以降で少しずつ紹介していきます。

ポイント

低学年までは人生の中でも吸収力の高い時期
遊びと学びの境界線をなくせば勉強が習慣になる

02 遊ぶときは「高学年で習うもの」をセットにする

では、実際に遊びながら何を学べば、勉強好きの子どもに近づくのでしょうか。実は、何を教えても、遊び方次第で子どもは食いついてきます。ですが私はあえて、「**高学年で習うものだけ**」を教えています。相手がたとえ幼児であっても、低学年の子どもであっても、です。
「え、幼児や低学年の子どもには通常、ひらがなやカタカナ、九九などを教えるのではないの？」と思った方も多いかもしれません。けれども私は、そういったことは一切教えません。

理由はたった一つ。**ひらがなやカタカナ、九九は、大人になったら誰もが当たり前に読み書きできるようになる**からです。

誰もができるようになることに時間をかけるほど、お母さんはヒマではありませんｍ。せっかく時間を割くのなら、子どもの学力に直結したほうが良いですよね。ですから、親勉では、たとえ2歳児でも、高学年に相当する内容を教えています。そこでひらがなやカタカナを教えなくても、その後、読み書きできないという子どもや、九九ができないといった子どもは誰一人いません。

もちろん、私も娘を持つ親なので、「小学校に上がる前にはひらがなぐらい書けないと」とお母さんが心配するのもうなずけます。けれども、識字率がほぼ100%の日本では、ひらがなは大人になれば誰もが書けます。どんなに勉強が苦手でも、小学校3年生になれば、自然と書けるようになります。

これが漢字となるとどうでしょうか。書けない人が出てきます。しかも漢字は高校受験、大学受験、就職試験でずっと必要です。

ひらがなと漢字、どちらに興味を持っていたほうがお得かわかりますよね。

また後々のことを考えると、早い段階で日本地図や歴史を学んでおくと、断然お得です。なぜなら、小学校で習う内容で最も大量に暗記が必要なのが、社会という科目だからです。

社会で習う内容は、地理や歴史だけでなく公民や時事問題など、非常に多岐にわたります。公民や時事問題は高学年にならないと理解できないことも多いのですが、**地理や歴史であれば、低学年でも覚えることは十分可能**です。実際、これまで数千人の低学年の子どもに接してきましたが、覚えられなかったという子どもは一人もいません。

ちなみに、中学生で都道府県の位置を把握している生徒は6割以下と言われています。小学校で習う歴史上の人物は約80人、年号は70個程度しか出てきません（2017年6月末現在）。ですから、先にこれらを覚えてしまうことで、後々の社会学習において非常に大きなアドバンテージとなってくるのです。

理科においても同様です。理科には、男の子が興味を持ちやすい分野がたくさんあります。特に、幼虫、サナギを経て成虫になる「完全変態」、サナギにならずに成虫になる「不完全変態」を教えると非常に興味を持ちます。また月や星の問題は難しく、つまずきやすいので、低学年のうちに興味を持てるよう働きかけておくことも親の大切な役目です。これらの知識は、もし子どもが中学受験をすることになれば役立つのはもちろん、その後の高校受験、大学受験と、ずっと先まで生きてきます。

算数はどうでしょう。**高学年で習う内容でも、低学年のうちに理解させることは可能**です。野球に興味のある子どもなら、野球選手の打率を見ながら「この選手は2割5分3厘《りん》だから、%に直すと25・3%ね」と話すことで割合への興味を喚起することができますし、衣類の裏についてある表示を見ながら、「綿が60%で、ナイロンが40%だから、比でいうと6対4ね」と言えば、比についての抵抗感もなくなるでしょう。

数字は社会人になってからもずっと使用するものなので、できるだけ身近にあるもので早い段階から親しんでおくことをおすすめします。

英語も学んでおくと、将来の理解度が大きく変わってきます。

もしかしたら、「小さいうちから英語なんて勉強する必要があるの？」と思う方もいるかもしれませんが、英語こそ早い段階からやっておくべき最重要科目です。英検やTOEICは高校受験・大学受験、そして就職に有利に働く時代です。上場企業の約7割が、「社員に求めるTOEICのレベルは600点以上」と言われるほど、就職に英語力が求められています。働くうえで英語は欠かせなくなってきているということを覚悟しておいたほうが良いでしょう。

ポイント
誰もができるようになることはさておき長く役立つ知識を教えることに時間を使おう

03
なぜ低学年のうちに高学年で学ぶ内容を先取りするのか？

ではなぜ、高学年の内容を低学年のうちに身につけておくと良いのでしょうか。「幼いうちから漢字の部首やことわざ、慣用句を教えたり、日本地図、歴史上の人物を教えると勉強が嫌いになるのでは？」という方もいますが、決してそんなことはありません。

先ほどもお伝えしたとおり、**低学年までの子どもは吸収力が高く、知識をぐんぐん吸収していきます**。この大事な時期に高学年で学ぶ内容を先取りして学んでおくと、「自ら学ぶ意欲」を自然と培うことができます。「私（僕）これ、知ってる！」という発見は、子どもの意欲にどんどん火をつけるのです。

また小学生になると、時間も制約されます。学校に通う以外にも地域の集まり、習い事など、非常に忙しくなります。学校から宿題も出され、限られた時間内にすべてを終える必要があります。このように**時間の制約がある中で一度勉強につまずいてしまうと、親の働きかけがないかぎり、軌道修正するのは大変なことです**。特に高学年で習う地理や歴史などは、社会人になっても必要となる教養。ここで興味を持てないと、そのままずるずると中学・高校・大学に進学してしまうことになりかねません。しかも、年齢を重ねれば重ねるほど、「なぜ勉強をしなくてはならないの？」と自問自答をし始めるため、いくら親が勉強に導こうとしても、だんだん動きづらくなるという側面もあります。

そのまま勉強嫌いで育ってしまうと、心のどこかに「自分は地理ができないから」とか、「歴史なんてわからないし」という負の感情が芽生え、なんとなく自信が持てなくなってしまいます。そのことが将来、何かをやろうとするときに「どうせ自分はできないから」というふうに、卑屈な感情を生んでしまうのです。

逆に、**何事にもまっすぐ、前向きに取り組む気持ちがあれば、将来何か**

をやるときにも迷わず突き進むことができます。
この本を手にとってくださったお母さんに共通しているのは、「(わが子が)勉強ができる子に育ってほしい」ということだと思います。それであれば、ぜひ早い段階で、遊びを通じて学びの意欲を刺激する「親勉」を実践してもらいたいと思います。

ポイント
小学校で「勉強嫌い」が加速する前に、勉強に触れる機会を作ろう

04 遊びを学力に直結させる！「遊びながら学ぶ」方法

先ほども少しお伝えしたように、小学生になるまでにひらがなやカタカナ、かんたんな計算ができるようになっておいたほうが良いと考えているお母さんも多いと思います。これらはもちろん必要なことです。ですが、私は幼児のうちにあえてする必要はないと思っています。

そもそも、この本を手にとってくださったお母さんの多くは家事・育児、あるいは仕事をしている方だと思います。ということは、時間の制約があるということ。だとしたら、一定の年齢になれば、誰もができることに時間をかけるのではなく、誰もができないことに時間をかけたほうが効率的だと思いませんか。かつ、親が子どもと遊ぶ時間も結果に直結したほうが良いのではないかと思います。つまり仕事のように、**やればやっただけ結果が出る遊びのほうが、**

後々ラクなのではないかということです。

ここで言う「結果」に当たるものこそ、学力です。

特に高学年で習う内容は、高い確率で中学・高校でも学ぶ可能性が高いので、早いうちに学んでおけば学んでおくほど、血や肉になります。

仮にひらがなやカタカナを一緒に勉強したとしても、そのこと自体は受験には直接つながりません。ですが、そこに部首やことわざ、慣用句のクイズを取り入れたり、特産物を答え合うゲームを取り入れれば、立派な学びの時間となり、後々の受験にも役立ちます。**将来必要になるものを先取りして遊びながら学ぶことで、いつの間にか知識が増え、アドバンテージとなっていく**のです。

ポイント

ひらがなやカタカナより
高学年で学ぶ勉強を遊びに取り入れよう

05 目指すのは「嫌々勉強する子ども」より「自らすすんで行動する子ども」

実は私が現在の「親勉」という学び方をすすめているのには、理由があります。私はこれまで6000人を超える子どもを教え、うち800人ほどの小学校受験、中学校受験に携わってきました。そこで衝撃的な事実を目の当たりにしたからです。それは、**勉強ができる子どもが、必ずしも勉強好きではない**ということ。

「別に勉強ができるんだから、いいじゃない」と思うでしょうか。

しかし、このことはかなり深刻な問題だと受け止めています。

なぜなら、子どもやお母さんにヒアリングを続けた結果、**勉強が好きでないのにしている子どもは、親や学習塾に強制的にさせられており、のちにうまくいかないケースが多かった**からです。

こういう子どもは、ただ「勉強ができるから」という理由で偏差値の高い学校に行く傾向にあります。しかし本当にやりたいことと勉強をする目的が直結していないので、いざ学校を卒業して就職する際、何をしていいかわからなくなってしまうのです。

一方、勉強を好きでやっている子どもはどうでしょう。何も言われなくても、自らすすんで勉強します。実はこの**「自らすすんで」という自発的な行動が「やりたいこと」を生み、勉強を「将来の夢」へとつなげていく**のです。

つまり、勉強ができるようになることよりも、勉強を好きになることのほうが、はるかに大事だということです。さらにそこに、「自分ならできる」という自信が加われば、鬼に金棒。子ども自ら、自分の力で未来を切り拓いていけるようになります。

勉強をすすんでやれる子になるのももちろん素晴らしいことですが、この本で目指すのは、「自分のために」「すすんで」勉強できる子どもを育てること。**親に言われて勉強する子どもは、いつかどこかで破綻します。**どうかそこを意識しながら、この後も読み進めてもらいたいと思います。

ポイント

自分からすすんで勉強できるようになると未来を自力で切り拓けるようになります

06

なんでもやってあげない！「しない子育て」が子どもを育てる

「子どもにすすんで勉強できるようにはなってほしいけど、それ以前に、生活習慣もままならないんですが……」という悩みを持つお母さん方も多いのではないでしょうか。

子育ての悩みを聞くと、「なかなか歯磨きをしない」「食べ物の好き嫌いが多い」「ゲームばかりして机に向かう姿を見ない」など、子どもの生活習慣について頭を抱えている方も少なくありません。

そこでここではまず、勉強に興味を持ってもらう大前提として、子どもに生活習慣の基本を身につけてもらうための工夫についてお伝えしていきます。

子どもに基本となる生活習慣を身につけてもらうために親がどうあるべきか。

ポイントは「**しない子育て**」です。何でもかんでも先回りしてやってあげるのではなく、**子どもの自立を促すサポート役に徹する**のです。

シーン別に見ていきましょう。

歯磨きの習慣をつけさせる

歯磨きをする習慣をつけるのは、なかなか難しいものです。大人でさえ、めんどうと感じる人も少なくないと思います。そんなめんどうな歯磨きを子どもにすすんでやらせるには、「あめとムチ作戦」。これに限ります。「毎晩21時までに歯磨きをした人は明日もおやつを出します」など、ルール化して〝あめ〟を用意するのです。

ここで気をつけたいのは、当然ですが、〝あめ〟は子どもが喜ぶものでなければならないということ。おやつを毎日楽しみにしている子どもならおやつですが、学校から帰ってゲームを楽しみにしている子どもなら、「歯磨きをしたら10分延長可」などとルール化することで、やらざるを得ない状況を作り出すのです。

それでも歯磨きしようとしない場合はどうするか。荒療治ですが、「虫歯を体験する」というのもひとつの手です。小学生にとって、歯医者さんのあの「ウィーン」という音はなかなか応えます（大人でさえ慣れませんが……）。「歯磨きをしないと虫歯になって歯医者に行かないといけない」ということが身にしみてわかると、子どももきっと、自然と歯を磨き始めます。

ゲームを時間内に楽しむ

小学生になると、友達同士、ゲームを使って遊ぶ機会が増えます。必然的に家で触れる機会も増えることでしょう。ここで必ず決めておきたいのが「**わが家のルール**」です。「**家でのゲーム時間は30分だけ」とあらかじめ決めておく**のです。特に朝、準備をするのが遅い子どもには「7時までに学校に行く準備がすべて終わったら、朝ゲームを30分していいよ」と言うと効果があります。こうすることで、さっさと身支度ができるようになるうえ、学校に行く時間がくるとゲームをやめざるを得なくなります。

親が率先してルールを決めることで、メリハリのある生活習慣へと導きましょう。親がルールを決めるのは、まだ責任が何かよくわからない子どもに任せておくと、ずっとゲームばかりやりっぱなし……ということにもなりかねないからです。

もしルールを破った場合は、先ほどのあめとムチではありませんが、「ムチ」を用意しておきます。「ルールを破ったら、3日間ゲーム禁止」などのペナルティを設定します。

「なんでも好きなだけできるわけではない」と知らせることで、ゲームとそれ以外の時間を、メリハリをつけて過ごす習慣が身につくようになります。

テレビは録画したものだけを観る

メリハリをつけるという意味では、テレビの視聴時間を区切ることも大切です。テレビは「19時～20時まで」のように時間を区切って観させるようにしましょう。あるいは、あらかじめ番組を録画しておき、それだけを観せます。リアルタイムで観せると、どうしてもダラダラ観てしまいがちです。録画にすると「今日はこれだけにしよう」というふうに時間を区切ることができます。

兄弟げんかはあえて放っておく

兄弟がいるとけんかをすることも日常茶飯事です。「お兄ちゃんが僕のことをぶった」などと、お母さんに助けを求めてくることもありますが、私はここであえて突き放すことも大切だと考えます。

けんかが始まったら、こう言います。

「お母さん、あなたたちのけんかを見るのがすごく嫌だから、終わるまで違う部屋に行ってるわね。終わったら教えて」と伝えるのです。お母さん自身がけんかを見るのが嫌だということを伝えること。そしてけんかを前にそわそわしないこと。この2つが重要です。**子どものほうから「終わったよ」と報告に来させることで、自立を促す作戦**です。

仮病ですら自立を促す方向に持って行く

実はこのやり方は、仮病にも有効です。

私の教室では以前、「頭が痛い」「お腹が気持ち悪い」など、仮病を使う子どもがいました（女の子が行う傾向が強いです）。それまでケロッとしていたのに突然様子が変わるので、すぐわかります。そこで「大丈夫?」と色々お世話しては、子どもの思うツボです。そこで「じゃあ、ここで休んでいて。気分が良くなったら教えてね」と言って他の子どもと遊び続ける(別のことをし続ける)のです。大人の気を引こうとして行動を取ったのに相手にされないとわかると、子どもとしてはなかなか寂しいものです。やがて大人のほうに近寄ってきます。そこではじめて、こちらから「一緒にやる?」と声をかけるのです。

このように、なんでもかんでもしてあげるのではなく、お母さんのほうから子どもに行動を促すことで、自ら動く姿勢を培うことができます。

ポイント

なんでもかんでもしてあげない「しない子育て」が子どもの行動を促します

親子の会話例

漢字って「部首」で作られているんだよ。

？「ぶしゅ」ってなあに？

漢字のいち部分だよ。カタカナのイみたいなのを「ニンベン」と言うよ。

へー、そうなんだ。

この新聞（雑誌）の中にニンベンはないかな？　一緒に探してみよう。

※この問題を解き終わったら、新聞や雑誌を使って同じことをするとより効果的です。

おやべんドリル こくご①

にんべん（イ）をさがして　◯をつけよう。

答　体
忘　顔　組
技　願
浴　頭　妹
教　佳
住　指　海

※かいとうは192ページ

親子の会話例

動物のことわざってたくさんあるね！

そうだね

〇〇も木から落ちるって、得意なこともたまには失敗するって意味だよ。どの動物が木に登るのが得意かな？

おさるさん？

そうだね！このことわざってどんな意味かな？一緒に調べてみよう。

※この問題は知識が必要なので、辞書を片手に一緒に調べながらやることをおすすめします

おやべんドリル こくご②

□のなかにはいる　どうぶつをえらんで
せんでむすんでみよう。

□も木《き》から落《お》ちる

□の威《い》を借《か》る狐《きつね》

□歩《ほ》

生《い》き□の目《め》を抜《ぬ》く

窮《きゅう》□猫《ねこ》を噛《か》む

※かいとうは 192 ページ

親子の会話例

この中から、テヘンとサンズイを一緒に探してみよう。

テヘンとサンズイって、なに？

テヘンは手を使う漢字、サンズイは水に関わる漢字に使われているよ。

ふ〜ん

この新聞の中にもテヘンとサンズイがないか、一緒に探してみよう。

※この問題を解き終わったら、新聞や雑誌を使って同じことをするとより効果的です。

おやべんドリル
こくご③

テヘン（扌）と　サンズイ（氵）を　さがして
◯をつけよう。

	答		体	
忘		顔		組
	技		願	
浴		頭		妹
	教		佳	
住		指		海

※かいとうは 193 ページ

親子の会話例

動物以外のことわざもいろいろあるね。

ほんとうだね！

「○は育つ」は、まさに○○くん（子どもの名前）のことを言っているね。

えっ、なんだろう……

「○とすっぽん」の○に入る言葉は、すっぽんの甲羅に形が似ているよ。

※この問題には知識が必要なので、辞書を片手に「『月とスッポン』ということわざがあるんだよ」と調べながらやることをおすすめします

おやべんドリル こくご④

□のなかに　はいることばを　えのなかから　えらんで
せんでむすんでみよう。

□とスッポン

□は育《そだ》つ

□の冷《ひ》や水《みず》

渡《わた》りに□

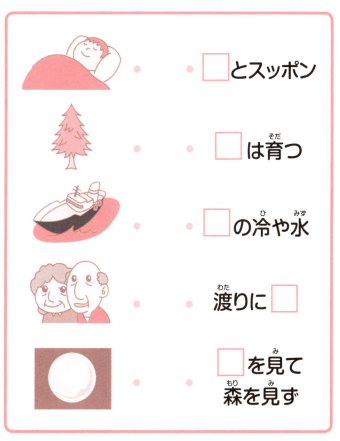

□を見《み》て
森《もり》を見《み》ず

※かいとうは 193 ページ

親子の会話例

似ている漢字を見つけて、ゴールまでたどるゲームだよ。

ふーん、やってみようかな。

（和と秋を指して）これとこれ、似ている部分はあるかな？

（左のノギヘンを指して）これ！

次の漢字は、どの部分が似ているかな？

おやべんドリル
こくご⑤

にているところの　あるかんじを　つないで
スタートからゴールまで　いってみよう。

START
スタート

和	秋	軽	林	理
粉	炎	焚	杏	森
波	野	部	叶	波
時	体	道	辻	海
校	箱	机	迷	粒

GOAL
ゴール

※かいとうは 194 ページ

親子の会話例

イトヘンとヒトアシってどんな部首なのかな？　一緒に調べてみよう。

イトヘンは「糸」だね！ヒトアシは「儿」。カタカナのルみたい！

本当だね！じゃ、この問題をやってみよう。

うん！

どちらが早くできるか、競争してみようか！

おやべんドリル こくご⑥

スタートから　ゴールまで　ニンベン（亻）→イトヘン（糸）→サンズイ（氵）→ヒトアシ（儿）の　じゅんに　たどってみよう。

START スタート

体	兎	級	深	伊	緒
組	海	港	仙	細	治
免	党	住	続	佐	測
消	兄	佳	池	体	絹
仁	素	活	克	液	和
線	温	付	仏	約	湖
伝	位	粉	練	代	元

GOAL ゴール

※かいとうは194ページ

第2章

すすんで学ぶ子どもに育てる親の7つの習慣

01 まずはお母さんが楽しむことが第一

親勉を始める前にぜひお伝えしたい大事なことが7つあります。ここを間違えてしまうと、いくら勉強を遊びに変えたところで、子どもは全く興味を示してくれません。非常に肝となる部分です。

その1つ目が、**お母さん自身が楽しむ**ということです。

わが子に接するとき、ついつい勉強モードになっていませんか？　わが子が少しでも賢くなるように、勉強をやらせたいと思うのは親心として当然です。けれども、肩に力を入れすぎると、意味がありません。

「将来勉強をすすんでやってほしいからこの本を買ったのに、勉強をやらせようと思うなとは、どういうこと？」と思われた方もいるかもしれません。少し説明させてください。

親勉は、先ほどもお伝えしたとおり、「遊び」からスタートしています。あくまで遊びがベースで、その上に勉強の要素がプラスされています。それがいつの間にか、「勉強させること」が目的になっているお母さんがいます。**子どもたちは、このお母さんの「勉強してもらうわよ」という雰囲気を感じとることに、非常に長けています。**

楽しいと感じなければ、何事も続きません。親の意図が透けて見えてしまうと、子どもは動かなくなります。これが、低学年の子どもならなおさらです。

親勉では、日本地図を全て頭に入れている未就学児もいます。それは、遊びの延長に「日本地図」という学びの部分が加わっているからで、決して学びの上に遊びがきているわけではありません。

ここで、地図パズルを使って遊ぶ例を紹介します。

たとえば子どもが、おままごとが大好きな娘さんだとしましょう。この場合、地図パズルを「具」に見立てて遊びます。通常は娘さんから「いらっしゃいませ、なににしますか?」と言われたら、「カレーをください」というふうに食べ物の名称を答えると思います。

鹿児島県のパズルを食べる真似をしながら、「鹿児島県産の黒豚の入ったカレーをください」というふうに返したらどうなるでしょう。子どもは「え、鹿児島県産の黒豚ってなに？」というふうに、聞いたことのない言葉に耳を澄ませると思います。お母さんのほうも知っている知識を伝えるだけなので、楽チンです。こんなふうに、まずは子どものやりたいように遊ばせた後、子どもの知的欲求をくすぐる内容を遊びの中に〝ちょっとだけ〟混ぜてあげるのです。


これが肩に力の入ったお母さんならどうでしょう。子どもの好きな遊び方はさておき、いきなり勉強モード全開で、「今日は、日本地図パズルで一緒に遊ぼう」と言うかもしれません。言われた子どもはそのお母さんの迫力に「何かやらされる」と思い、逃げていってしまいます。運よく数回やったとしても、続けて学ぶことは難しいでしょう。

現に私は、勉強を遊びに変えることを発見するまで、何度も何度も娘に拒否され続けました。「一緒に地図パズルで遊ぼう」と誘っては、断られ続けました。そのつど、どうやったら遊んでくれるか悩んだものです。

ですから、あまり肩に力を入れず、「これは遊びなんだ。楽しくなければ、親勉ではないんだ」ということを意識してください。そうすると、おままごとに飽きた子どもに、「今度は、この箱の中に地図パズルを投げるゲームをしてみない？　たくさん箱に入ったほうが勝ちね」という違う遊びのアイデアも浮かんでくることでしょう。**お母さん自身に「遊びながら学ぶ」習慣が身につけば、自然と子どもも真似します。**

子どもが向き合いたくなる具体的な遊び方については、この後の章で紹介していきます。

ポイント

まずは肩の力を抜いて、遊ぶ気持ちで子どもに接しよう

02

子どもはお母さんの学習意欲、関心度を見ている

親勉を始める前に伝えたいことの2つ目は、**お母さん自身が学ぶことに興味・関心を持つこと。そして、その姿勢を子どもに積極的に見せること**です。

世の中には、本人は学ぶ気があまりないのに、子どもには勉強をさせようとしているお母さんが意外と多く見受けられます。わが子には本を読みなさいと言っているのに、自分はゴシップ誌や芸能ニュースしか見ないようなお母さんは、その最たる例です。親が読書をしないのに、子どもが自分から読書をすることはほぼありません。

お母さん自身が学ぼうという姿勢を見せること。この**「姿勢を見せる」とは、実際に「行動する」こと**を表しています。具体的には、買う、貼る、見

る、口に出す、といったことです。

タマネギ嫌いでタマネギを食べないお母さんが、いくら子どもに「タマネギは体に良いから食べなさい」と言っても、何の説得力もありませんよね。子どもをタマネギ好きにするには、お母さん自身がタマネギを買い、調理し、美味しく食べている姿を見せることが一番効果的なことは言うまでもありません。

ほかにも、野球が好きなお母さんがいたとします。同じ「興味がある」でも、口に出さず、胸に秘めて好きなチームを応援している場合と、「今日は、○対○で巨人が勝った」と試合結果を毎回チェックし、お気に入りの選手のポスターをリビングに貼り、「やっぱり○○選手はかっこいいわね」と言う場合と、どちらのほうが子どもが野球に興味を持つ確率は高くなると思いますか? 当然、後者ですよね。

これと同じで、**いくらお母さんが、「勉強は楽しいよ」と口で言ったところで、行動が伴わなければ、「本当のところはどうなのよ?!」と、子ども**

にもすぐに伝わってしまいます。

たとえば先ほど紹介した、親勉でやっている遊び方のひとつに、日本地図パズルをおままごとの具に見立てて遊ぶやり方があります。このとき、日本地図が完璧に頭に入っているお母さんなら必要ありませんが、そうでない方は、巻末に添付してある日本地図を壁に貼ります。そして、「へー、北海道ってニンジンやジャガイモが有名なんだ」と、折に触れてそこに書いてあることを口に出します。

これは子どものためというよりも、自分のため。**子どもと遊ぶために日本地図をリビングに貼り、毎日眺め、口に出してみる**のです。

すると子どもは、「お母さんはいま、壁に貼ってあるものに興味があるんだ」と理解します。そして「お母さんがいま興味を持っている、壁に貼ってあるものってどんなものなのかな?」というふうに、自然と興味を持つようになるのです。

「低学年の子どもがそんなこと理解できるの？」と思うかもしれません。ですが、子どもは親をよく見ています。理解できなくても、なんとなくお母さんが頑張ろうとしている姿というのは、伝わるものなのです。

まずはお母さん自身が楽しく親勉に取り組んでいる姿を見せましょう。当たり前のことですが、**お母さんが興味を持たないものに、子どもが「やってみたい」と思うことはありません。**

ポイント

お母さんが楽しむ姿を見てはじめて子どもは「やってみたい」と言います

03

やりたいことが見つかったら、迷わずやる

親勉を始めるうえで大事なことの3つ目は、「**親がやりたいことを見つけ、やること**」です。子どものやりたいことにばかり合わせていては、親も疲れてしまいますし、ストレスになってしまいます。ですから、子どもと遊びながらも、別のところでは自分のやりたいことをやる。これが大切だと感じています。

「やりたいこと」とは、仕事でも趣味でもなんでも良いです。日々私が接するお母さん方の中には、子どもと親勉をしていくうちに自分も何か始めたくなり、ＴＯＥＩＣや英検、新しい習い事にチャレンジし始めたお母さん方もいます。

実はこの、「やりたいことをやる」ことが、子どもの成長に大きく関わってきます。

やりたいことにチャレンジするお母さんを見て育った子どもは、「大人になっても勉強したりチャレンジしたりするのは、当然のことなんだ」と無意識に感じながら成長します。

一方、もう何年も勉強していなかったり、何もチャレンジしていない親の姿を見て育った子どもは、勉強したりチャレンジすることが特別なことであると認識します。物事を当たり前のことと捉えるか、特別なことと捉えるのかは、小さいときからの環境による影響が大きいのです。

特に幼い子どものお手本は、お母さんそのものです。一番身近にいる大人が夢を実現するためにチャレンジしている姿を見せることは、どんな教科書よりも勝る〝生きた教育〟となるのです。

ポイント　**お母さんがイキイキ頑張る姿は教科書に勝る〝生きた教育〟**

04

いちいち子どもの反応を求めない

親勉を始めるうえで大事なことの4つ目は、いちいち**子どもの反応を求めないこと**です。

親勉をやっていると、一緒に遊んだ内容をわが子が本当に覚えているか、だんだん確かめたくなります。「熊本県の有名なものってなんだっけ？」「ここに書いてある部首って、なんて言うんだっけ？」と質問し、子どもがちゃんと覚えているかどうか、いちいちチェックをしたくなるのです。

ですが、どうでしょう。先ほど子どもが親の「勉強させたい」という空気を察知するとうまくいかないことをお伝えしたように、いろいろ質問されるのは、あまり気持ちの良いものではありません。学校の授業で先生に当てられて嫌だった経験はありませんか？　それと同じです。

いろいろ質問されると、子どもはお母さんが勉強モードに突入していることを感じて、答えがわかっていても「わかんない」「忘れた」と言って、はぐらかそうとし始めます。なぜなら、もし間違えて答えようものなら、「この前も教えたよね」「何度も同じところで間違えるよね」と、たいていお母さんに詰め寄られるからです。これでは、子どもが勉強を好きになる前に、自信をなくしてしまいます。勉強に興味を持つどころか、嫌いになってしまう可能性だってあります。

ですから私は常々、「子どもに、一緒に遊んだ内容を確かめる必要はありません。日々、つぶやくだけでOKです」とお伝えしています。これを「アナウンス」と呼んでいます。

アナウンスとは、テレビのナレーションや館内放送のようなもの。聞いている側の反応をいちいち求めませんよね。反応したいときだけ反応すれば良い、という意味を込めています。

ここで言うアナウンスとは、先ほども紹介したように「へー、北海道ってニンジンやジャガイモが有名なんだね」というように、知識を口にするだけ。それ以上子どもに何かを強制したり、親のほうからアクションを起こす必要はありません。

大事なことなのでくり返しますが、親勉は〝遊び〟です。遊びに、そもそも正解も不正解もありません。それどころか、**遊びなのだから楽しくなければ不正解**です。子どもに「嫌だな」と思われた時点で、試合終了です。

まずはお母さん自身が楽しく遊ぶことを心がけましょう。わが子に教えようとしなくて大丈夫。アナウンスを聞いて「楽しい」と思った子どもは、そのうち突然、知的な会話をし始めます。

ポイント

一緒に遊んだ内容を確認するのはＮＧ
まずはアナウンスから始めましょう

05 アナウンスしながら〝その日〟を待つ

親勉を始める前に大事なことの5つ目は、**長期的に子どもの成長を見守る気持ちでいること**です。

「いくらアナウンスしても、わが子は聞いている様子がありません。親勉でやったことも一向に口に出しません」というお母さんがいます。そういうとき、私は次のように伝えます。

「お母さん、○○くんは聞いていないようで実は聞いています。もう少し待ってあげてください」と。特別な子どもでないかぎり、1日で効果は出ません。**子育ては即変化が表れるようなインスタントなものではありません**。親が親勉を根気よく続け、わが子の成長を信じて見守ることによって、〝その日〟は突然やってくるのです。

親勉で学ぶ6歳のAくんの〝その日〟は、親勉を始めて2週間後でした。

小学校の校門を見ながら突然、「モンガマエってこういう意味だったんだ」と言い出したそうです。Aくんのお母さんはいつも、カード遊びをしながら部首のアナウンスをしていました。けれども、全く聞く耳を持ちません。それで、ずっとはがゆく思っていたらしいのです。ですからこの発言を聞いたときに「この子、ちゃんと部首に興味を持っていたんだ」と、非常に驚いたとのことでした。

この話にはまだ続きがあります。Aくんが「僕はモンガマエが好きなのに、どうして僕の名前にモンガマエがつく漢字を使わなかったの?」と言ったそうなのです。お母さんは、まさか自分の漢字の名前の部首にも興味を持っていたとは夢にも思っていなかったのでしょう。とても感激したと言います。漢字を勉強していない6歳の幼児でも、遊びを通して、いつのまにか部首に興味を持っていたのです。

また、こんな話もあります。7歳のBくんは親勉を始めて1ヶ月経っても、それらしい発言をすることはありませんでした。それでもお母さんは、歴史上の人物のアナウンスをし続けたのです。

そのうち、〝その日〟がやってきました。

ある日、Bくんが学童から持ち帰った漢字の宿題を見て、お母さんはとても驚きました。その日の宿題の内容は、「『大』を使った言葉を見つける」だったのですが、Bくんは、「大しおへいはちろう」「大せいほうかん」といった言葉を書いたそうです。話し言葉には表れなくても、親子で遊びながら学んだ内容は、しっかりと子どもの記憶に刻まれていたのです。

親勉を始めると子どもたちの発言が知的に変わります。でも、この変わるタイミングは人それぞれです。特に男子の場合、なかなか口に出さない子どももいます。それでもお母さんがアナウンスを続けていれば、必ず子どもはお母さんたちのつぶやきを自分の言葉にして言うようになります。

これまで6000人以上の子どもに接してきましたが、変わらなかった子どもは誰一人としていません。どんなに遅い子どもでも、お母さんがアナウンスし続けることで、2ヶ月以内に遊びを通して学んだことを発言するようになります。その日まで、どんなことを言うのか楽しみにしながら、ぜひ根気よくアナウンスを続けてほしいと思います。

ポイント

**子育てはすぐにできあがるインスタント食品じゃない
芽が出ると信じて根気よくアナウンスし続けよう**

06
ほかの子どもと比べる前に わが子が興味のあることを大事にする

親勉を始める前に大事なことの6つ目は、子どもが興味のあることを大切にするということです。

小学校に通っていると、様々な情報を耳にする機会があります。

「○○くんは、もう漢字で自分の名前が書けるらしいよ」

「先月から、□□くんのお宅は学習塾に通っているって」

「△△くんは、英語を習い始めたんだって」

そんな話を聞くたびに、「何もしていないうちの子は大丈夫なのかしら？」

と、心がざわざわしていませんか。

確かに同じ年齢の子どもの学力は気になるところです。けれども**大事なことは、「何をやらせるか」ではなく、「お母さん自身が（その子を）どう育**

てたいか?」ではないでしょうか。そこが決まっていないので、ざわざわするのではありませんか。

たくさんのお母さんとお話しすると、必ず共通しているのが、わが子を将来、自分で人生を切り拓くことのできる人に育てたい、という願望です。もしそれが本当なら、なおさら「何歳で自分の名前を漢字で書けるようになった」とか「何歳で計算ができるようになった」といったことは、あまり意味のないように思えます。お母さん自身が、周囲を気にしすぎているだけではないでしょうか。

そんなことよりも、**わが子が社会人になったときに、経済的にも精神的にも自立できるかどうかのほうが、はるかに重要**です。

そのためには、**子ども本人が心より「やってみたい」と思えることを見つけること**です。

だからこそ、**幼いうちから、わが子がいま何に興味を持っているのかを**

大事にしてもらいたいのです。他の子どもが何ができるのか？　何を始めたか？　に重きを置いてそれにわが子を合わせるのはナンセンスです。他人の子はあなたの子どもではないのですから。

いま現在のわが子が好きなこととは、たとえば棒を拾うといったことかもしれませんし、穴を掘ることかもしれません。毎日砂場で泥だんごを作っていれば、それがやりたいことかもしれません。ペットボトルのキャップを収集することかもしれません。いずれも一見役に立たないことに見えるかもしれませんが、夢中になる、没頭するという経験なくして本当に好きなことは見つけられません。**その夢中になる、没頭する、という行為の積み重ねが、その子自身のやりたいことにつながっていく**のです。

大事なことなのでくり返しますが、いちいちよその子どものすることなどを気にする必要はありません。「いま、息子は、○○が大好きです」「娘は△△にはまっています」と言えることがある限り、わが子は没頭する力を持っていることになります。やがてその好きという気持ちの積み重ねが、社会人になったときに、「本当にやりたいもの」、または「与えられたものをやりがいのあるものに変える工夫」に結びついていくのです。

ポイント

子育てのゴールは「自立」
子どもが没頭できることを大きく育てましょう

07 モヤモヤしたときほど「まあいいか」とつぶやく

「そうは言うけど、どうしてもよその子と比べてしまう」

こんな心の声が聞こえてきそうです。親である自分が比べられて育つと、わが子にも同じようにしてしまう傾向はあるのかもしれません。

確かに、同じ年齢の子どもができているのに自分の子どもだけできていないところがあれば、母親として気になってしまう気持ちは理解できます。

私も娘をインターナショナルスクールに入学させたとき、「○○ちゃん、1年生で英検2級に合格したんだって」という声が聞こえると、心中穏やかではありませんでした。

しかし、ここで周りの子どもと比較して何になるのでしょう？　就職活動の時期に前記のような差があると死活問題ですが、低学年の未熟な子どもがこれから変わる機会は、小・中・高・大、いくらでもあります。**子育てのゴールを直近に設定するのではなく22歳に定めると、いまやきもきしていることがいかに小さいことかがわかります。**

すると、「いまこれができない。だから心配」とできないことにフォーカスするのではなく、「いまこれはできないけど、22歳になったら当たり前にできるはず。だから見守っておこう」と応援するスタイルに自然と変わっていきます。周囲の人に迷惑をかけることは別ですが、学習机を片付けられないことも、兄弟げんかが多いことも、全部「まあいいか」と流すことができます。子どももそれを感じ取ってのびのび育ちます。

親勉を始める前に大事にしてもらいたいことの7つ目は、この「まあいいか」という気持ちを持つことです。

それから次の考え方をプラスしておくと、男の子のお母さんはよりおおらかになれるでしょう。

もともと男の子は女の子と比べると、精神年齢が幼いと言われています。宿題をするのも苦手、忘れ物も多いし、時間割に合わせて行動することもできないかもしれません。そんな男の子は、「**実年齢よりマイナス2歳下**」と考えましょう。仮にいま子どもが7歳なら、2歳引いた5歳だと思ってください。それを知らないお母さんは、その男の子の姉や妹と比べたり、自分の幼少期と比べ、「なんでこんなこともできないんだろう⁇」とイライラしてしまいます。**男の子はマイナス2歳**。このことを覚えていると、何か失敗しても「22歳になったらできるから、まあいいか」と、おおらかに思えるようになります。

ポイント

どうしても他人の子と比べたくなったら、22歳になったときにできるから「まあいいか」と流しましょう

親子の会話例

パンダとぞうはどちらが重い？

ぞう！

ぞうとくじらはどちらが重い？

くじら！

じゃあ、どれが一番重いかな？

おやべんドリル
さんすう①

つぎのえのなかから　いちばんおもい
どうぶつをえらんで　○をつけよう。

※かいとうは 195 ページ

親子の会話例

うさぎ、きつね、りす、さるの順で並んでいるね。21番目の動物は数えればわかりそうだね。〇〇くんだったら、どうやって数える？

うーん……

じゃあ、21番目の動物が何か、一緒に数えてみようか！

おやべんドリル
さんすう②

1、2、3、4のじゅんに　どうぶつが　ならんでいます。 21ばんめに
くるどうぶつはなにか　かんがえて　わくのなかから　えらぼう。

※かいとうは195ページ

親子の会話例

うさぎ1ぴき、りす2ひきでグループを作るんだって。〇〇くんなら、どうやって考える？

えんぴつでかく。

どうやって書くのか教えて。

こうやるの。

へー、すごいね、そうやって考えるんだ。グループは何個できたかな？

おやべんドリル さんすう③

うさぎ1ぴき　りす2ひきで　グループを　つくるとすると
グループは　いくつできますか？

□ グループ

※かいとうは 196 ページ

親子の会話例

ナス1本とミカン3個でちょうど同じ重さなんだね。

うん、そうだね。

ナス2本とつり合うミカンの数って何個かな？

6個

じゃあ、下のシーソーではナスとミカン、どっちのほうが重いかな？

おやべんドリル さんすう④

ナス1ぽん　ミカン3こで　つりあいます。ナス2ほん　ミカン5こだと　どちらが　おもいでしょうか？　しかくに　○をつけよう。

※かいとうは 196 ページ

親子の会話例

この問題、難しいね。絵に描いて考えてみようか？

うん。（と言って紙に絵を描く）

ぜんぶひつじだったら、何匹になるかな？

5ひき

そうだね。でも全部で6匹だから、ひつじを1匹ずつ減らしていこうか。

※計算ができる子どもには、「どちらか全部を羊の足、または鳥の足と仮定して考えるといいんだよ」と言ってみましょう

おやべんドリル さんすう⑤

ひつじとあひるが　あわせて6ぴき　います。 あしのかずが
20ほんだと　すると　ひつじはなんひきで　あひるはなんわ？

ひつじ　　　　**匹《ひき》**　**とり**　　　　**羽《わ》**

※かいとうは 197 ページ

親子の会話例

この中で一番重いのは何かな？

スイカ！

じゃあ、2番目に重いのは何かな？

ブドウ！

正解！じゃあ、イチゴとサクランボ、どっちが軽いかな？

おやべんドリル さんすう⑥

つぎのえの　なかから　いちばんかるい　くだものを
えらんで　○をつけよう。

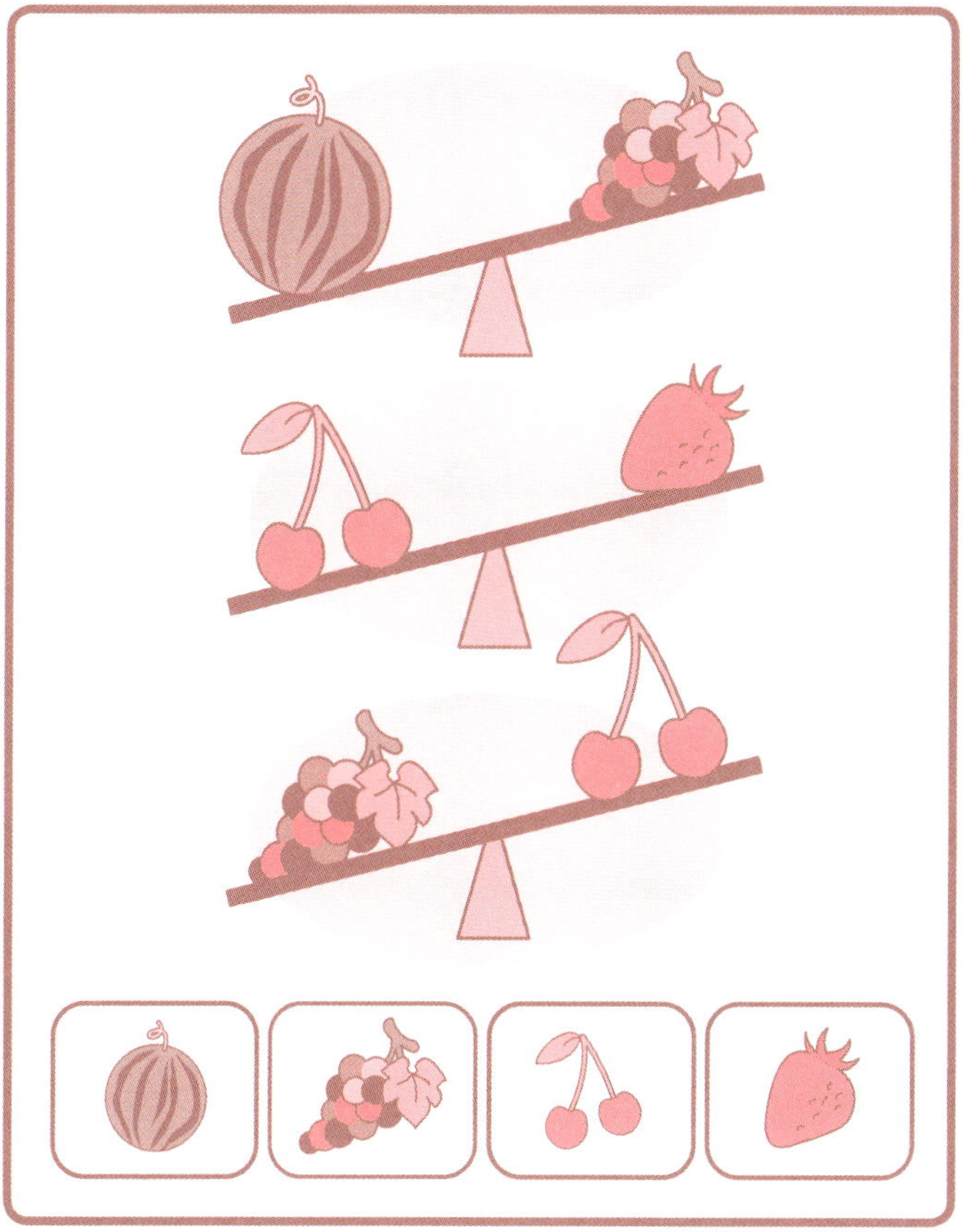

※かいとうは 197 ページ

第3章

遊び好きを「勉強好き」に変えるしくみとしかけ

01

ご飯やテレビを観る時間に「遊び」を取り入れる

低学年の子どもを持つお母さんは働き盛りの方も多いことと思います。なかなかわが子との時間をとれず、もどかしく感じている方も多いのではないでしょうか。そこでここからは、**短い時間でも学ぶ楽しさを培うことができ、かつお母さん自身も楽しみながら学べる方法**をお伝えしていきます。

子どもと過ごす時間は長いほうが良いと思っているお母さんも多いようですが、**大切なのは〝密度〟**です。お母さんの時間は限られていますし、あまり長く遊ぶと、負担になり、長続きしません。

ここで紹介する方法を実践することで、短い時間でもわが子と良好な関係を築くことができ、かつ子どもの自主的に学ぶ姿勢を伸ばすことが期待できます。

食事やお風呂の時間も活用する

たとえば食事の時間は、最高の学びの時間です。

いつも使っているコップを計量カップに変えてみてはいかがでしょう。そして「**○○くんがいま飲んでいるお茶は、50㎖、または0・5dℓ《デシリットル》で1／2dℓだね**」とアナウンスすることで、小学校2〜4年生で習うかさと小数、分数の勉強を先取りすることができます。

お風呂に2ℓのペットボトルを持ち込んで、「**これは2ℓだから、2000㎖、デシリットルでいうと20dℓだね**」と言うのも良いですね。早い段階から単位変換に対する感覚を養っておくと、算数のかさを勉強するときに難なくスタートを切ることができます。

また、夕食時もおかずを見ながら「**今日のデザートのミカンは、和歌山県産のものだよ**」とアナウンスすることで、特産物に対する興味を喚起できます。小学校で学ぶ社会の授業で、特産物は外せません。この特産物に対する興味を早期から培っておくことで、高学年で習う社会の勉強にもすんなり入ることができます。

通学時間やだんらんの時間を活用する

もしもお父さんが毎朝新聞を読んでいるなら、**「この中からサンズイのつく漢字を見つけてみよう」**と言ってみましょう。目をキラキラさせながら探し始める子どもも少なくありません。

通学時も、**「学校につくまでに、サンズイをたくさん見つけたほうが勝ちね」**と、親子で看板の部首探しをして遊ぶこともできます。

テレビを観ながらでも、実は学べます。

たとえばディズニーのキャラクターを、全て英語に直して書いてみるのです。ミッキーマウスであれば、「mickey mouse」というふうに、子どもと一緒にノートに書いていきます。それだけでも結構な英単語を覚えることになります。

第1章でもお伝えしましたが、**いずれも子どもの反応を気にする必要はありません**。「英語なんて低学年の子どもに言ってもわからないでしょう?」という方もいると思いますが、**最初はわからなくて良い**のです。**理解できなくて良い**のです。まずはお母さんがアナウンスして、自分はこういうことに興味があるということを示すこと。それを続けるうちに、きっと子どものほうから話し出すようになります。すべてはここから始まります。

遊びながら学ぶことに慣れてくると、新たにおもちゃを買わなくても、**生活の中にあるものならなんでも教材に見えてきます**。それをもとに子どもと一緒に遊ぶ時間を持つことで、勝手に勉強する子どもに成長していきます。

自主的に勉強する子どもは、どんどん賢くなっていきます。お母さんと良好なコミュニケーションもとれます。たとえ5分という時間でも一緒に学ぶことで、子どもの勉強したい気持ちに火をつけることができるのです。

ポイント

まずは食事の時間につぶやき開始
そのうち子どももお母さんの発言を気にし始めます

02
貼り勉（カンニングペーパー）でお母さん自身が学ぶ習慣をつける

「親勉をやってみたいけど、わが子にアナウンスするほどの知識が自分にないから難しいのではないか……」という相談をよくいただきます。安心してください。**お母さんが最初から知識をフル装備していなくても大丈夫**です。学校の試験ではないのですから、どんどん「カンニング」すればよいのです。

たとえば先ほど、夕ご飯で日本の特産物を紹介するやり方を紹介しましたが、特産物は、誰もが知っているものは覚えていても、日々口に出していないと、意外と忘れてしまうものです。

そこで、巻末に日本地図と特産物の表をご用意しました。ぜひ切り取ってよく目にする場所に貼ってください。拡大して使っても良いでしょう。これで、何か話題に困ったときや答えに困ったときは見てお母さん自身が学べますし、ふだんから目にしておくことで、少しずつ知識にすることができます。

なぜ日本地図かというと、高学年で学ぶ内容であることはもちろん、大人になっても一般常識として身につけておくとラクだからです。また、誰もが日本のどこかに住んでいるので親しみがありますし、何より食べ物の話は親子間で話が盛り上がりやすいからです。

ときには「わざわざカンニングペーパーを壁に貼らなくても、本やスマホで対応できますよね」という声をよくもらいます。たしかに「調べる」という行為そのものは、本やスマホでもカンニングペーパーでも同じです。しかし、本やスマホで調べるのと貼り勉では、圧倒的に「調べる回数」が異なります。**貼り勉のほうがいちいちスマホを開かなくて済んでラクなので、自然と見る回数が増える**のです。

壁に貼ってあると、何か疑問を持ったときに子ども自身がすぐに調べられるというメリットもあります。また、お母さんも「いま手が放せないから、後で調べる」ということがなくなります。後で調べたとしても、気まぐれな子どもの興味は次に移り、そのときには既に興味を失っている、なんてことはよくあります。「知りたい」と思ったそのときが旬なのです。

なおカンニングペーパーを貼る場所は、リビングが適しています。リビングに貼ると、テレビを見ながら学ぶことも可能だからです。

たとえば、天気予報を見ながら「高知の室戸岬に台風がきました」という情報が流れたなら、日本地図ですぐに位置を確認できますし、旅番組を見ながら「秋田のきりたんぽ」という情報が流れたなら、すぐに秋田県の場所を探して確認できます。この「すぐに確認する」という行動を起こすのに、リビングは最適なのです。

そのうち、テレビで自分が知っている都道府県名が出てくると、子どもがとても喜ぶようになります。これも日本地図をリビングに貼って学んでいる成果でしょう。

リビングのほかに、お風呂場に貼るのも有効です。お風呂場に貼る際には、ラミネート加工をします（ラミネートシールは百円均一で購入できます）。ラミネートをしたカンニングペーパーの裏側に水分を付けると、壁に貼ることができます。お風呂に浮かべて使っても良いでしょう。

水鉄砲を準備したうえで日本地図を壁に貼り、「岐阜県を撃ってみて」「佐賀県を撃ってみて」などのアナウンスをすると、盛り上がります。

他にも、トイレや食卓の上など、目に触れやすい場所に貼るのもおすすめです。

ポイント

受験じゃないからカンニングOK！
お母さんの貼り勉で、子どもも自然と学び始めます

03

外出先が一瞬で学びの場に！親子で遊びながら学ぶ方法

遊びながら学ぶ機会は、家だけでなく外にもあふれています。

ここで、外出先でちょっと工夫するだけで遊びながら学べる方法をお伝えします。

ファストフード店で算数を学ぶ

手で分けられる食べ物は、数字の感覚を養うのにうってつけです。親子でフライドポテトを分け合ってみましょう。

たとえば子どもに「この1本のポテトをお母さんと半分ずつ食べよう」といって分けさせたうえで、**「半分ずつ食べるのって、1／2や0・5っていうんだよ」と言うと、半分＝1／2、0・5という感覚が知らず知らずのう**

ちに身につきます。

「今度はこの1本のポテトを4／4に分けて。この中の1つは1／4といって、0・25ともいうんだよ」と伝えると、小学校2～4年生で習う分数や小数について、早い段階で体感することができます。

また、「○○くんにポテトを3つ、お母さんが2つ食べるね。これって比でいうと、3対2っていうんだよ」と話すと、5～6年生で習う比についても体感できます。**「なんのために勉強するのか」と考えすぎない年齢のうちに教えることで、遊びながら数字の感覚を養うことができます。**

コンビニで国語・社会を学ぶ

お菓子の商品名には、実に様々な漢字が使われています。「ほしいものを一つだけ持っておいで」と言うお母さんは多いと思いますが、そこからもう一歩進めて、**お菓子選びを「漢字を楽しむ場」にすると、遊びながら学ぶことができます。**

たとえば「今日は、イトヘンを使っているお菓子を買ってみよう」などと言うと、お菓子選びもぐんと知的なものになりますよね。アイスクリームをひとつとっても、パッケージの裏を見てみると、そこには植物油脂、砂糖、安定剤など、たくさんの漢字にあふれています。部首にはキヘン、サンズイ、コメヘン、イトヘン、ウカンムリなど数多くありますので、問題はいくらでも作れますし、見つける楽しさも無限大にあります。

数字に抵抗のない子どもなら、「お母さんにおやつを買ってきて。ただし2つ合わせて500㎉より小さい数字になるようにね」と頼んでみるのもひとつの方法です。あるいは、「このお団子とパンを買ったら500㎉より大きくなると思う？　それとも小さくなると思う？」と聞いて考えさせるのも良いでしょう。

遊園地で英語を学ぶ

遊園地や動物園に行くと、並んで疲れるうえに、子どもがわがままを言って対応に困ることもあると思います。そこで、待ち時間の間に英語を学ぶ方法をお伝えします。

たとえば遊園地だと、看板が英語表記になっています。中でもディズニーランドには、至るところに英語があります。そこで**子どもの名前をアルファベットで書き、同じ文字を探す、というゲーム**をしてはいかがでしょうか。「Masaki」という名前なら、それを紙に書き、英語表記の中に同じアルファベットがないか探していきます。「イッツアスモールワールド」なら、「It's a small world」とありますので、「a」と「i」、そして「m」と「s」が使われていることがわかります。特にアトラクションに並んでいるときには時間を持て余しますので、こういうゲームをすることで時間を有効に使うことができます。

ポイント
平凡な毎日に学びの要素を入れるだけで子どもはどんどん自分から学び始めます

04

子どもは自分が発した言葉を「知識」に換えていく

遊びながら学んでいると、子どもの会話が変わってきます。一言で言うと**非常に知的になる**のです。

幼児でも食べかけのクッキーの形を見て「佐賀県の形に似ているね」と言ったり、ご飯のおかわりをするときに「無芸大食だね」とつぶやいたり、「豊臣秀吉が好きだから、大阪城に行きたい」と言ったり、「これがわが子の発言なのか！」と思ってしまうほどうれしくも驚きのある発言が多々出てきます。

こうなると、親がいちいち言わなくても自発的に勉強する準備が整ったことになります。

このような子どもの現象を私は「アウトプット」と呼んでいます。

このアウトプットのためには、当然「インプット」が必要です。

たとえば、あなたが子どもといま、料理番組を観ているとしましょう。「今日の料理はロマネスコを使います。ロマネスコはボーフォールやアボンダンスとよく合います」と料理家が言ったとします。この時点で既に、この後の話の内容に興味を持って聞ける人とそうでない人に分かれます。

では、興味を持って聞ける人と聞けない人の違いはどこにあると思いますか？　両者の違いは頭の良し悪しではありません。**「知っているか知らないか」の違いだけ**です。興味を持って聞ける人は、ロマネスコやボーフォール、アボンダンスがどんなものか知っている人、興味を持って聞けない人はそれらが何か知らない人、知ろうともしない人です。たったこれだけの違いで、興味への対象は大きく変わってくるのです。子どもであれば、ますますこの傾向は顕著になります。

ですからぜひ、子どもの興味の幅を広げるためにも、様々なことをインプットするようにしてください。

このときインプットするのは、先ほど紹介したように、高学年以上の学習内容をおすすめします。それ以外のことを教えることはもちろん悪いことではないのですが、**限られた時間の中でせっかく教えるのなら、将来の受験に役立つ内容を教えたほうがお得**だと思いませんか？

また、「わが子は日本地図や漢字なんてまだわからないから教えられない」というお母さんもいますが、そう思っているのは実は親だけ。低学年でもぜひ、日本地図や歴史上の人物に触れる機会を作ってみてください。意外と興味を持って食いついてきます。ここを試せるか試せないかが分岐点です。

ずっと長く使える、高学年以上で出てくる内容をインプットすると、中学生以降もすすんで勉強する子どもに育つ可能性が高くなります。

たとえば、こんな男の子が実際にいました。カタカナが読めないこの4歳の男の子は、「ハロウィン」の「ィ」を、カタカナの「イ」ではなく「ニンベンだ」と言いました。未就学児で「ハロウィン」と読んだり書いたりできる子どもはいても、このようにニンベンを知っている未就学児はそういません。ニンベンを知っていることで、新聞やチラシを見て部首探しをしたりして、「ここにニンベンがあった」とアウトプットする子どもは、やがて全体の作りにも興味を示し、だんだん漢字へと興味を持っていきます。ですから、この時点で「それはカタカナのイであり、ニンベンではない」と否定する必要は全くありません。

どうか子どもの興味の幅を広げてあげるつもりで接してみてください。忙しいとできないこともあるかもしれませんが、**1日5分だけでも根気強く続けていくうちに、必ずわが子が変わる瞬間がやってきます。**

ポイント
忙しくてもまずは1日5分
根気強く続けると必ずわが子は変わります

05

子どもを勉強させたいなら「勉強しなさい」と言うのをやめる

多くのお母さんは、子どもに勉強をさせたい、と思ったときに、「環境を整えたら、きっと好きになるに違いない」と思ってしまいがちです。「本を買ったら読書に興味を持つに違いない」「歴史マンガを買ったら歴史に興味を持つに違いない」。そう思って環境を用意してみるものの、一向に興味を持とうとしない子どもにイライラ……こんなお母さんが後をたちません。

将来的に勉強に興味を持ってほしいのなら、ダイレクトに勉強をさせようとするのはＮＧ。**遠回りに見えても、多少時間はかかっても、子どもの好きなものからつなげていくのが一番の近道**です。

新幹線が好きな子どもなら、日本地図につなげて駅名を一緒にたどってみましょう。そのとき特産物も一緒にアナウンスすると社会の勉強に早変わりです。車が好きな子どもなら、時速や距離の計算につなげてみる。ディズニーのプリンセスが好きな子どもなら、英語でどう書くかにつなげてみる。公園遊びが好きな子どもなら植物や昆虫につなげてみる。料理に興味がある子どもなら大さじ1杯は15ccだね、と単位につなげてみる。そうすれば、自然と勉強に興味を持つ確率が高くなります。

お母さんが、わが子に楽しく勉強を教えることができれば、その様子は必ず子どもに伝わり、自らやりたくなるはずです。

いま子どもが興味を持っていることは、何の役にも立たない、と思っているのは、お母さんの認識不足です。遊びから勉強につながるものは、必ずあります。

来る日も来る日も穴掘りばかりやっている男の子であれば、穴を掘るのが上手な動物を調べて、「なんでもぐらは穴を掘るのが得意なんだろうね?」と、一緒に考えてみる。お花が好きな女の子であれば、花の図鑑をめくって一緒に絵を描いてみるなど、遊びを学びに変換する機会はたくさんあります。
くり返しになりますが、勉強に興味を持ってほしいのなら、まずは**子どもの好きなものから勉強につなげられないか？　という視点を大事にしてください。**

ポイント

子どもの興味と勉強を掛け合わせると遊びながら学べるようになる

06 なぜ勉強を学校に任せきりにするのはダメなのか？

ここまで遊びながら学ぶ大切さについて伝えてきましたが、お母さんの中には、学校の宿題をちゃんとやらせれば勉強は好きになるから問題ないと考える方もいます。

しかしなぜあえて、遊びながら学ばせることが大事なのかというと、**遊びながら学ぶことほど最強の学び方はない**と考えているからです。

小学校に入学したら、いきなり読み書きの授業がスタートします。配布される漢字ドリルには、当然ですが読み方と書き順が書いてあります。マスがたくさんあり、その中にバランス良く美しく書く練習をしていきます。何度も何度も練習して「コツコツと継続練習した上に習得する学習法」になっています。

もちろん、これは大切な勉強法です。しかし、まだ継続力・集中力を培う途上にある子どもが、本当に自分からチャレンジしようと思うでしょうか？　最近では教え方を工夫する学校も増えていますが、公立の学校ではまだまだ進んでいないのが実情です。経験上、子どもにとってかなりハードルの高い学習法だと考えています。

しかも**一度「やりたくない」「つまらない」と思った子どもに漢字の書き取り練習をさせるのは至難の業**です。

私の学習塾にも、小学生になっても勉強を一向にしようとしないからなんとかしてほしい！　ということで子どもを通わせるお母さんもいましたが、**一度勉強を勉強として触れた子どもに、学ぶ楽しさを教えるのは多少時間がかかります**。そのような子どもは、宿題をする過程で「もっときれいに書きなさい」「書き順が違うでしょ」「もう一回書き直し」とお母さんに言われ、消しゴムで消されるなどして「キーッ」と機嫌を悪くした経験があります。ですから、そもそも勉強に対する熱意が低いところからスタートします。

漢字に限らず、**何かを学ぶときには、遊びを通じて学んだほうがすんなり受け入れられます**。特に未就学児の段階では、読み方は気が向いたら教える程度でOK。書き順は教えず、部首に興味を持ってもらうことだけに意識を置きます。そうやって部首を覚えた子どもたちは、自分たちで勝手にその部首を使った漢字を探し始めます。家族の名前に使用されている部首、街中の看板、テレビのテロップに反応するようになります。やがて「あの部首を使った漢字を書いてみたい」「あの部首の漢字は何て読むのかな?」と興味が興味を呼び、部首→読み方、部首→書き方に発展していくのです。

子どもは、好きなこと・楽しいことにはものすごい集中力・暗記力を発揮します。いま、わが子が、何が好きでどんなことに興味があるのか、そこから勉強に結びつけることができないか、意識してみましょう。

ポイント

漢字の書き方や読み方は二の次 まずは部首に興味を持たせよう

親子の会話例

サナギになる昆虫を完全変態、サナギにならない昆虫を不完全変態っていうんだよ。

へー、そうなんだ。

カブトムシは完全変態と不完全変態、どっちかな？

ええと、サナギになるからかんぜんへんたい？

そうだね。じゃ、テントウムシはどうかな？　一緒に調べてみようか。

※この問題は知識が必要なので、図鑑を片手に一緒に調べながらやることをおすすめします

おやべんドリル
りか①

つぎのこんちゅうの　なかから
サナギになるものを　えらんで　○をつけよう。

チョウチョ

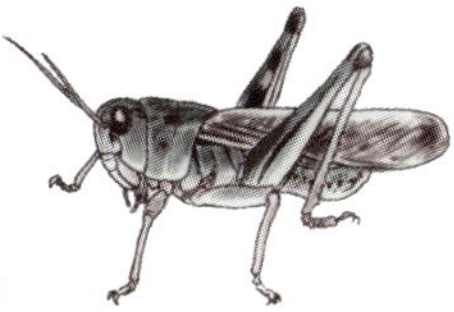
バッタ

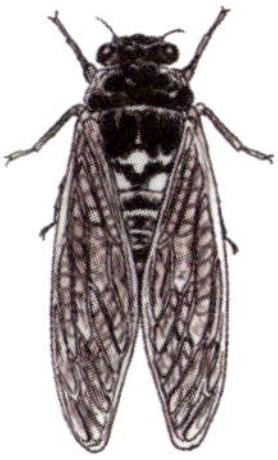
セミ

テントウムシ

アリ

カブトムシ

※かいとうは 198 ページ

親子の会話例

今日のお月様ってなんだろうね、見てみようか。

うん！（と言って一緒に見る）

月って毎日形が変わるんだよ。今日と同じ月が見えるのは、1ヶ月後なんだよ。

へー、そうなの？

三日月って、新月から3日目の月だから三日月って言うんだよ。

※いきなり問題を解かせるのではなく、月を一緒に見てからやると興味関心を引き出しやすくなります

おやべんドリル
りか②

つきのえと　なまえを　せんでむすんでみよう。

 ・　・ 二十六日月《にじゅうろっかつき》

 ・　・ 上弦《じょうげん》の月《つき》

 ・　・ 下弦《かげん》の月《つき》

 ・　・ 三日月《みかづき》

※かいとうは 198 ページ

親子の会話例

昆虫って足は何本あるか知っている？

6本！

じゃあ羽は何枚あるかな？

4枚！

じゃあ触覚は何本あるか知っている？

おやべんドリル りか③

つぎのこんちゅう　のうち　それぞれ　どちらかが
まちがっています。 あっているほうに　○をつけてみよう。

アリ

テントウムシ

チョウチョ

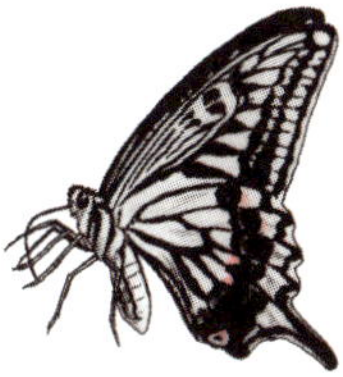

※かいとうは 199 ページ

親子の会話例

昆虫って必ず3つのパーツに分かれているんだよ。

そうなんだね。

（蝶の腹部を指して）人間だったら、ここは何と言うかな？

おなかかな？

そうだね。チョウチョだと「腹」と言うよ。

おやべんドリル
りか④

チョウチョの　からだの　ぶぶんの
なまえを　かいてみよう。

※かいとうは 199 ページ

親子の会話例

昆虫って足は何本だったかな？

6本！

じゃあ羽は何枚だったかな？

4枚！

じゃあここに、チョウチョの羽と触角を描いてみようか。

おやべんドリル
りか⑤

チョウチョの　はねと　しょっかくを　かいてみよう。

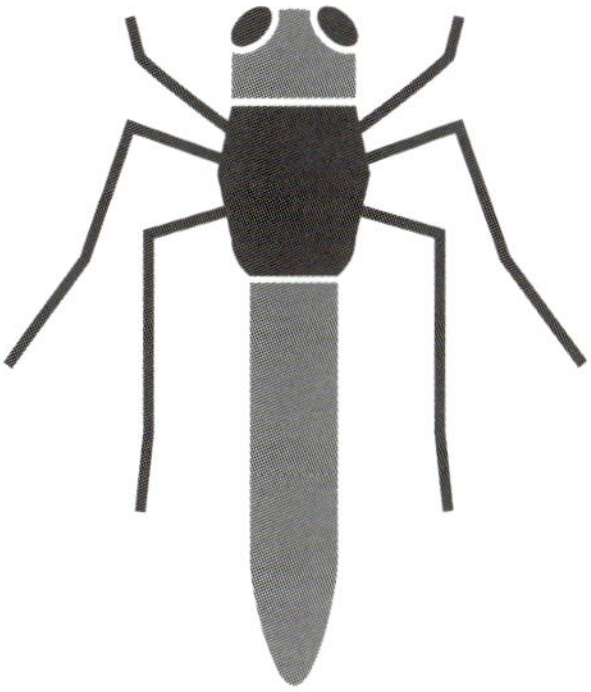

※かいとうは 200 ページ

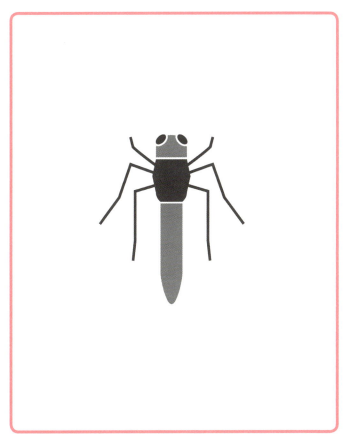

親子の会話例

ここにあるのは、白鳥座とわし座だよ。両方とも夏に見える星なんだよ。

へえ、そうなんだ。

わし座って天の川にあるんだよ。

ふうん。

わし座の中にひこ星（アルタイル）があるんだよ。

※問題を解くときは、星座早見盤を片手にやると、より興味を持ってもらいやすくなります

おやべんドリル りか⑥

つぎのせいざの　なかから
ひとつだけ　ちがうせいざに　○をつけよう。

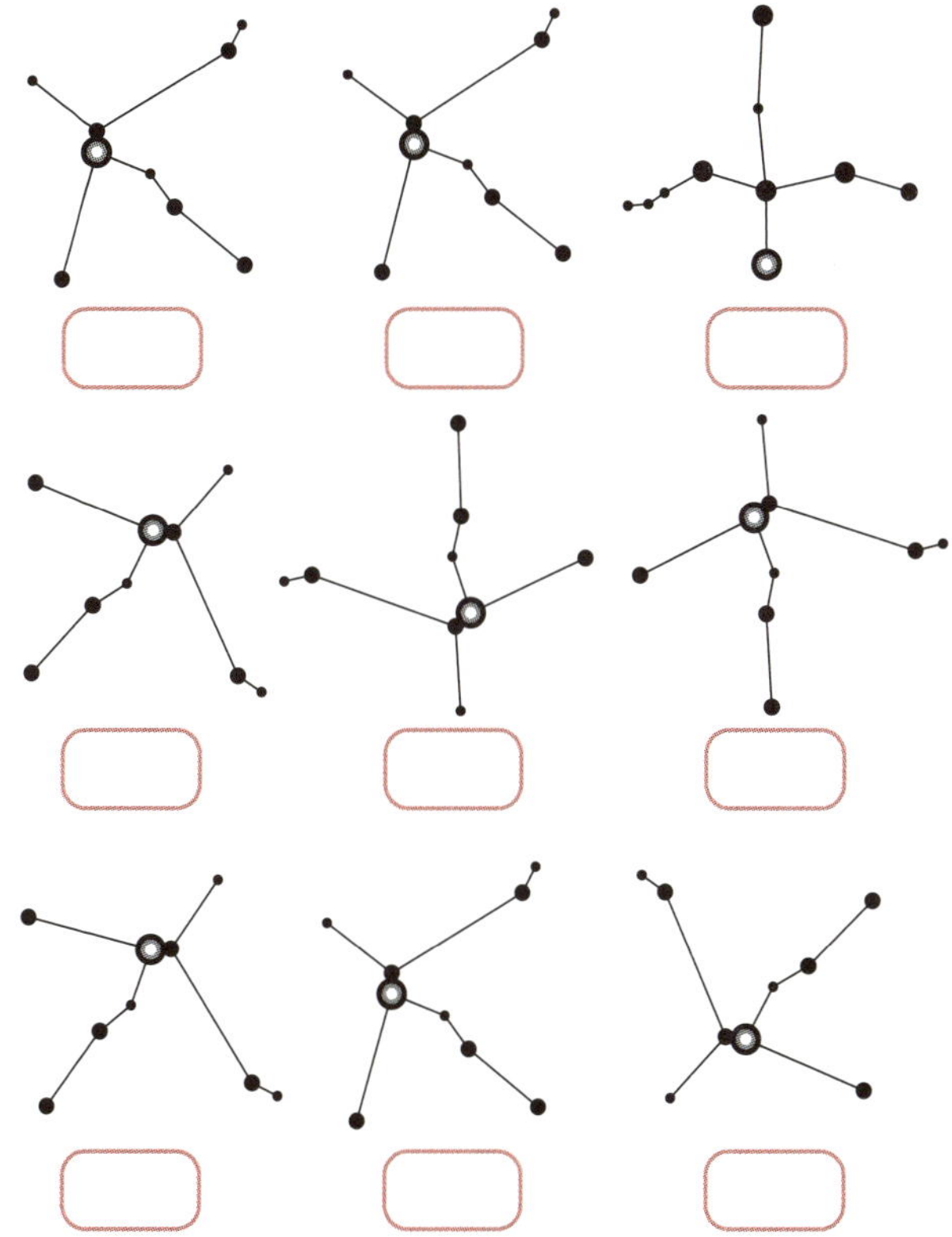

※かいとうは 200 ページ

第4章

勉強好きな子どもを育てる親の言葉

01
「ごめんね」よりも「ありがとう」をたくさん聞かせよう

遊びながら学ぶ方法以外にも、日頃からお母さんがどのような言葉を発しているかで、子どもの育ち方も変わってきます。

1つ目に紹介したい言葉が「**ありがとう**」です。

日頃、たくさんのお母さん方と接していて気づかされることがあります。それは、何も悪くないのに「すみません」「ごめんなさい」という人の多さ。『「すみません」の国』(榎本博明・著、日本経済新聞出版社)という本の中に、「日本的感覚からすれば、何かあったときにはとりあえず謝ったほうがいい。そのほうがその『場』の雰囲気が和やかになって、ものごとがスムーズに運ぶ」とあります。自分が謝ることで、知らず知らずのうちに物事を前進させようとしているのでしょう。小学校の先生に「すみません」、会社の人にも「すみません」、義理の両親にも「すみません」、なかなか一緒にいる時間がとれないわが子にも「ごめんね」。

たしかに、働くお母さんの日常を見ていると、謝りたくなる気持ちもわかります。ですが、本当に謝るようなことをしているのでしょうか。

朝は自分の準備もそこそこに、朝ご飯や子どもの仕度をしてから出勤。17時を回ると、定時で上がれるかどうか、ソワソワし始めます。この時間に寄せられる仕事の依頼は死活問題。仕事を片づけたら、子どもの帰ってくる時間に間に合わせるため、化粧直しをせぬままいちもくさんに帰宅。夕飯の仕度にお風呂の準備。子どもの宿題のチェックもしなければなりません。気が付けば帰宅してから、一度も座っていません。夕飯も立ったまま食べ、服装もスーツのまま。こんなふうに疲れが溜まっているお母さん方も多いと思います。謝ることなど何ひとつしていないのではないでしょうか。

仕事と子育ての両立は思っている以上に難しく、いますぐ簡単にこの問題を解決することはできません。しかし、今日から一つだけ変えられることがあります。それが、**「ごめんね」よりも「ありがとう」と、子どもに一回でも多く伝えること**です。

くり返しになりますが、働くお母さんはただ仕事をしていただけで、何も謝るようなことはしていないはずです。それなのに日々、「毎晩ゆっくり過ごす時間を作れなくてごめんね」と言われた子どもたちは、「親が仕事をするのは、悪いこと」「親の帰りが遅い自分はかわいそう」と、知らず知らずのうちに刷り込まれているようなものです。ですからこの場合は、**「待っててくれてありがとう。○○くん（ちゃん）が待っててくれたから、お母さんもお仕事がんばれたよ」と、感謝の気持ちを伝えましょう**。

ご主人が残業で遅く帰宅したときに「いつも遅く帰宅して、ごめんね」と言われるよりも、「いつも残業で遅く帰宅できるのは、きみが頑張ってくれるおかげ。ありがとう」と言われたほうが、救われませんか?「明日から、また頑張ろう」という気持ちになると思います。

謝罪の言葉で育てられた子どもは謝罪を通して人生を学びますが、感謝の言葉で育てられた子どもは感謝を通して人生を学びます。幼い子どもの人生は、お母さんの言葉で創られている、と言っても過言ではありません。ぜひ、子どもをお迎えに行く際には、「ごめんね」ではなく「ありがとう」と言うように意識しましょう。

ポイント

あなたは悪いことをしているわけじゃない
「ごめんね」よりも「ありがとう」を使おう

02

子どもの「したい」気持ちを生む「やらない」という選択

大事なことなのでくり返しますが、私は**子育てのゴールは、わが子を自立させること**だと思っています。ですが実際には、先回りしてお世話をするマネジャーのようなお母さんが多いのも事実。

子どもが飲み物を飲む前にペットボトルのキャップを外し、おやつを食べる前に包装紙を取り、手がベトベトになったら、いつの間にかお手拭きを出す……こんなかいがいしく世話をする環境で、自ら発言するような子どもが育つでしょうか。自分から行動する子どもが育つでしょうか。残念ながら育ちません。**何でもやってあげることは、実は子どもにとってプラスとは言えない**のです。ですから、お母さん方には、マネジャーではなく、**何か言われたときに対応するプロデューサーのような存在を目指してほしい**と思います。

あるとき私が教えるクラスに、Cくんという7歳の子どもがいました。マネジャーのようなお母さんに育てられたため、自分から「◯◯したい」という発言はゼロ。そこであるとき実験をしました。Cくんにだけ、みんなに毎回配るプリントをわざと渡さなかったのです。そのままレッスンは進みます。

Cくんは、どうしたと思いますか？　約1時間、最後まで、黙ってじっとこちらを見ているだけでした。

レッスン後、Cくんはお迎えに来たお母さんにこう言いました。

「ママ、僕だけプリントをもらえなかったから勉強できなかったよー」と。

するとお母さんは案の定、

「何でうちの子にはプリントを配ってくれなかったのですか？」

と詰め寄ってきました。そこで私はこう答えました。

「お母さん、私はわざと渡さなかったのです。Cくんが自分から言えるかどうか様子を見ていたのです。これでは学校で隣の席の子どもにからかわれたり、途中でトイレに行きたくなったり、何か困ったことがあっても、発言できません。自主的に行動する気持ちを育てる必要があります」と答えました。その後、その親子は改心し、子どもは自ら積極的に発言するようになりました。

自分から動こうとしないかぎり、子どもはいつまでたっても親離れできません。親がいなくなってしまったとき、自分では何もできなくなってしまいます。

子育ては〝いま〟の積み重ねです。**「いまだけ」と思って先回りしてお世話しているつもりが、いつの間にか「習慣」となり、お母さん自ら何もできない子を育てている可能性があります。**それより、どうやったら自立できるのかを考えると、いま目の前に起こっている出来事も、全く違うものに見えてきます。

また、自分からこうしたい、ああしたいと話せる子どもは、家族にも自然と相談したり、話し合ったりすることができます。**子どもが良いことも悪いことも含めてお母さんに素直に話せるのは、家庭が安心で安全な場所だとわ**

かっているからです。自分のことを否定されない、絶対に認めてもらえるという安心感が根底にないと、いくら子どもといえど、なかなか素直に話せるものではありません。

自分で考えて行動したことはすばらしいことであると、子どもが幼いうちから教えることで、子どもの中に「できる」という気持ちが満ちていきます。このくり返しがあるからこそ、子どもが22歳になったとき、〝自立〟という子育てのゴールにようやく到達することができるのです。

ポイント
先回りしてお膳立てすればするほど自立は遅れる
「やりすぎない子育て」を意識しましょう

03
「できないかもしれない」より「できるかもしれない」

お母さんが先回りしてなんでもしてしまうと、もう一つ残念なことが起こります。それは、「**自分では何も決められなくなってしまう**」ということです。最近、「自分が何をやりたいのかわからない」という子どもが増えているように思います。「何して遊びたい?」「何を食べたい?」と聞いても、「お母さんが決めて」と答えるのです。

どうしてこんなことになってしまうのでしょうか。

こうなるひとつの理由として、お母さんが「応援する子育て」ではなく「心配する子育て」をしていることにあると私は考えます。

応援する子育てが、「できる」ということを前提に、無条件に「あなたならできる」と子どもを信じて言い続けるやり方だとしたら、心配する子育ては、失敗することを前提に、リスクを提示するやり方になります。どちらのほうが本人の「やってみよう」という気持ちにつながるのか、わかりますよね。

バンジージャンプにチャレンジする前に、「あなたならできるよ。飛べたらきっと違う世界が待っているかもしれないよ」と応援するのと、「もし失敗したら、あなたは大ケガをして大変なことになるかもしれない」と心配されるのでは、次の一歩の踏み出し方がまるで変わってくると思います。

バンジージャンプは大袈裟かもしれませんが、わが子を心配してばかりのお母さんは至るところにいます。帰宅後、その日あったことを話させようと躍起になるお母さん。登校を嫌がっている様子は全くないのに、「もしかして、何かあるのではないか」と想像し、無理に情報を聞き出そうとするお母さん。

レストランに行った際に、子どもが自分で選んだメニューに対し、「お母さんと半分ずつ食べられるから、こっちがいいんじゃない」と自分の意見を通し、メニューを変えさせるお母さん。

子育てにおいては、「失敗から学ばせる」ということも大事な視点です。

では、ふだんからどんな風に接するとよいでしょうか。

「学校でのこと、あまり話してくれないけど、何かお母さんに話したいことがあったら、いつでも言ってね」「頼んだこの料理、あまり食べられなかったね。次にレストランに来たとき、どうしたらいいだろうね?」

こういった、**子ども自身に考えさせる問いかけをすることが、応援する子育てになります**。この積み重ねが、「失敗するかもしれないけど、やりたいことはとにかくやってみよう」というチャレンジ精神を育てていくのです。

いきなり180度変えることは難しくても、子どもに何か言葉をかけるときに「これって応援する言い方かな? それとも心配する言い方?」と、自分に問いかけてから話すように心がけるだけでも、子どもは変わってきます。

ポイント **子どもに考えさせる問いかけが将来のチャレンジ精神を育てます**

04

「結果」をほめるのではなく「子どもそのもの」をほめる

ほめることは、最大のコミュニケーションツールです。しかし、言い方次第では、子どもをどんどん追い詰めてしまうこともあります。

たとえば子どもに「100点とって偉いね」「ゴミを拾ってすごいね」と言ったことはありませんか。「ほめる子育ては子どもが自信を持つことにつながる」と言いますが、前記のようなほめ方で、子どもの自信をつけることは難しいと考えます。なぜなら、〝結果〟に対してほめるやり方だからです。**結果に対してほめるやり方だと、子どもの頭の中に「結果を出さないとほめられない」と刷り込まれてしまいます**。そのことが子どもにとってプレッシャーになってしまうケースもあるのです。

そこで、私がおすすめするほめ方は、存在そのものをほめる方法、すなわち「**丸ごとほめ**」です。

たとえば、朝、起きてきた子どもに、「髪の毛がくしゃくしゃだね。すごくいいね！」と言ったりするのが、存在をほめるほめ方になります。

ありのままをそのままほめることは、子どもの存在そのものを認めることになります。これが、**子どもの「自分ならできる」という気持ちをどんどん育てる**のです。

子どもが赤ちゃんの頃は、手足をバタバタ動かしただけで「上手だね」とほめ、げっぷをしてうんちをするだけで「上手だね」とほめていたはずです。

それが、いつの間にか、「もう○歳なんだから、これぐらいできて当たり前でしょう」などと、結果を出してはじめてほめるようになってしまいます。

もしお母さんが、お姑《しゅうとめ》さんに「もう○歳なんだから、料理ぐらいできて当たり前」「お抹茶ぐらい点てられて当たり前」「着物ぐらい着られて当たり前」と言われたら、どんな気持ちになりますか？「何が当たり前の基準なの？当たり前の基準なんて人それぞれじゃない！」と思うことでしょう。

これと全く同じことを子どもも思っています。ですからどうか、わが子が赤ちゃんのときのように、存在そのものをほめる丸ごとほめを意識するようにしてください。

丸ごとほめは簡単です。**子どものいまの状態に「いいね」を加えれば良い**のです。


「ご飯を食べてるんだ、いいね」

「歯をみがいているんだ、いいね」

「学校に行くんだ、いいね」

「帰って来たんだ、いいね」

「おやつを食べているんだ、いいね」

「テレビを観ているんだ、いいね」

「ゲームしているんだ、いいね」

「宿題しているんだ、いいね」
「お風呂に入るんだ、いいね」
「もう寝るんだ、いいね」

存在そのものをほめられると子どもは無条件で愛されている、と実感します。これこそが、自信を持って色々なことにチャレンジする土台となります。無条件に愛されている安心感があるからこそ、「自分には失敗しても、帰れる場所があるんだ」と、不安に打ち勝つ気持ちも沸いてくるというもの。これが「自分なら必ずできる」という根拠のない自信を持つことにつながっていくのです。

「自分なら必ずできる」という気持ちを持つことのできる子どもは、どんどん自立に近づいていきます。

ポイント
存在そのものをほめられると、子どもは「愛されている」と実感します

05 ほめる＋Iメッセージで子どもの「やる気」を底上げする

丸ごとほめに「I《アイ》メッセージ」を添えることで、さらに子どもの「できる」気持ちを育てることができます。先ほど紹介した例で言うと、「ご飯食べてるんだ、いいね。お母さん、◯◯ちゃんの美味しそうな顔を朝から見れて楽しいわ」。こんなふうに、I＝お母さん自身がどのように思っているのかを一言つけ加えます。この効果は抜群です。

たとえば、ご主人から「夕飯つくったんだ、いいね」と丸ごとほめをされたとします。そこに「楽しみにしていた」とか「うれしいよ」と付け加えられたら、翌日の夕飯も頑張って作ろうと思いませんか？

子どもも全く同じこと。丸ごとほめ＋Iメッセージは、「もっと頑張ろう」

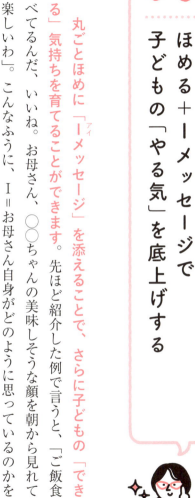

と思わせる、やる気を上げるのに最適なツールなのです。

Iメッセージが思いつかないときは、**「うれしい」か「楽しい」を付け加えるだけでも効果的**です。


「ご飯を食べてるんだ、いいね。お母さんうれしい」

「歯をみがいているんだ、いいね。お母さんうれしい」

「学校に行くんだ、いいね。お母さんうれしい」

「帰って来たんだ、いいね。お母さんうれしい」

「おやつを食べているんだ、いいね。お母さんうれしい」

「テレビを観ているんだ、いいね。お母さんうれしい」

「ゲームしているんだ、いいね。お母さんうれしい」

「宿題しているんだ、いいね。お母さんうれしい」

「お風呂に入るんだ、いいね。お母さんうれしい」

「もう寝るんだ、いいね。お母さんうれしい」

こんなふうに使っていきます。

前記のようにくり返すことは、「あなたがうれしいときや楽しいときは、お母さんもうれしいんだよ。あなたが幸せに感じていることが、お母さんにとっても一番うれしいんだよ」というメッセージを毎日送ることに等しいのです。

海外映画のように「あなたが幸せに感じていることが、お母さんにとっても一番幸せ」などとそのまま言うのは非常にてれくさいですが、「うれしい」や「楽しい」くらいでしたら、気負いなく言えますよね。ぜひ今日から試してみてもらいたいと思います。

ポイント

親が喜ぶと子どもも喜ぶ！ 今日から会話の後に「うれしい」を加えよう

親子の会話例

歴史人物ってひげを生やしている人がたくさんいるよね。

本当だね。

どの人にどのひげがピッタリ合うかな。〇〇くんは、どのひげがいいと思う？

この人。

お母さんは、この人が好きだな。この人って〇〇時代の人なんだよ。今から〇年前の昔の人なんだよ。

※この問題を解く前に、巻末にある歴史上の人物ポスターを子どもと一緒に見てから解くと、より興味を持ってもらいやすくなります

おやべんドリル しゃかい①

つぎのれきしじょうの　じんぶつにあう　ひげをえらんで
せんでむすんでみよう。

中臣鎌足《なかとみのかまたり》

明治天皇《めいじてんのう》

武田信玄《たけだしんげん》

野口英世《のぐちひでよ》

※かいとうは 201 ページ

親子の会話例

天草四郎はね、ピエロみたいな恰好をしているよ。どれかな？

これ！

北条政子って坊主だけど、女の人なんだよ

えっ、この人？

そう。ザビエルはポーズを決めている人だよ。どれかな？

※いきなり全部覚えさせるのではなく、歴史上の人物の特徴にスポットを当てて伝えると、興味を持ちやすくなります

おやべんドリル
しゃかい②

つぎのれきしじょうの　じんぶつに　あうなまえを
せんでむすんでみよう。

天草四郎《あまくさしろう》

北条政子《ほうじょうまさこ》

ザビエル

ペリー

市川房枝《いちかわふさえ》

※かいとうは 201 ページ

親子の会話例

山形県って横顔であくびしているように見えるよ。

あれ、これだけ違う。

そう、それは秋田県。秋田県は天狗みたいな顔だね。

ここがはなかな？

そうだね。山形県と秋田県がどこにあるか、一緒に調べてみよう。

※山形県と秋田県の場所を調べる際は、巻末の日本地図ポスターを使うと便利です

おやべんドリル しゃかい③

つぎの　とどうふけんの　なかから
ひとつだけ　ちがうものに　◯をつけよう。

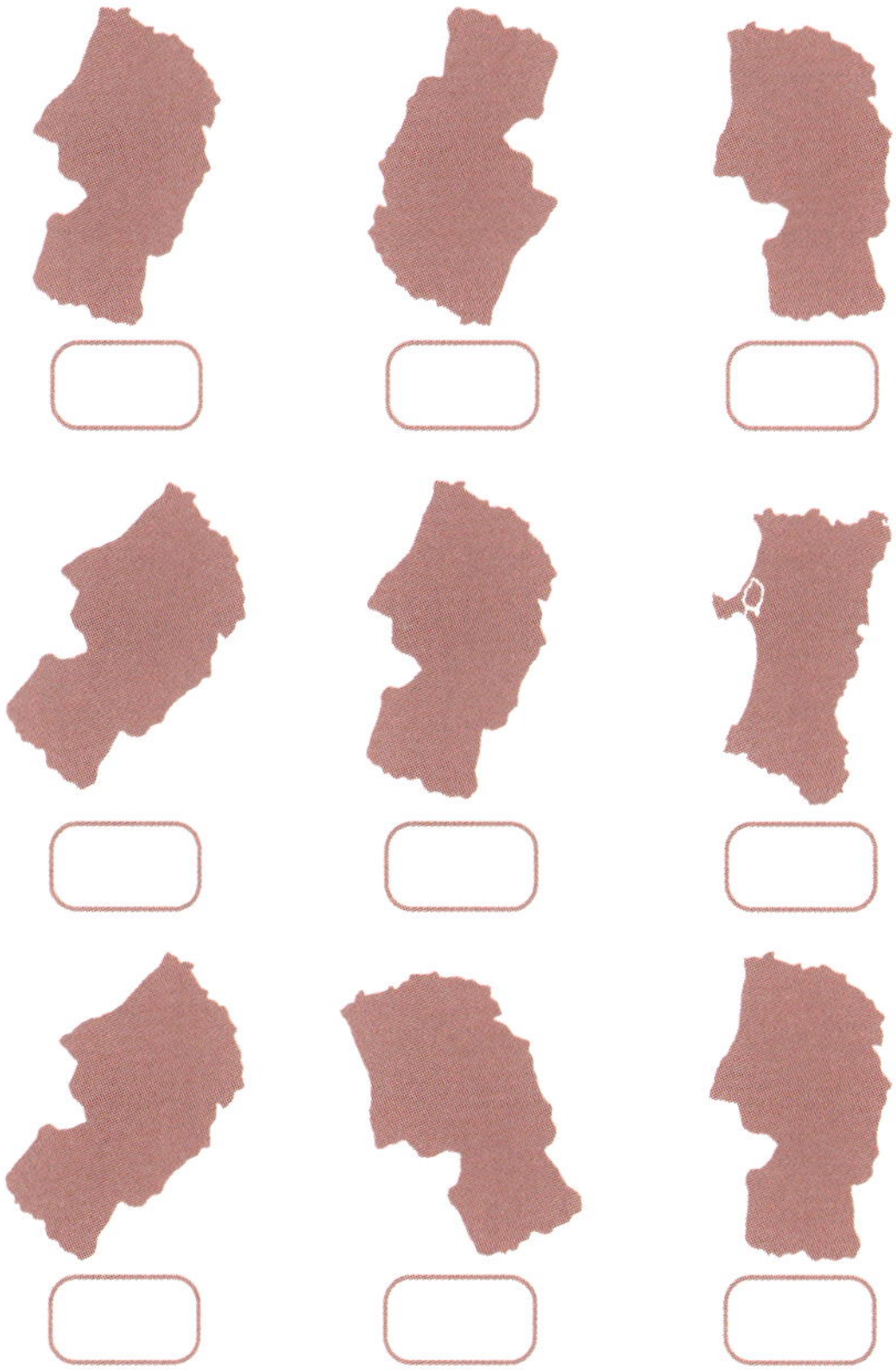

※かいとうは 202 ページ

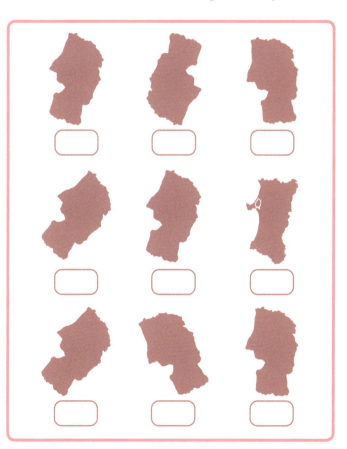

親子の会話例

この形、何県かわかるかな？　一緒に調べてみよう。

これ！えひめけん！

そうだね。愛媛県の県庁所在地は松山と言うよ。

ふーん。

形と都市を線結びしてみよう。

※巻末の日本地図ポスターには、あえて県庁所在地は書いていません。特産物と場所がわかったら、次のステップとして県庁所在地を調べるようにしましょう

おやべんドリル
しゃかい④

つぎの　とどうふけんと　けんちょうしょざいちを
せんでつなごう。

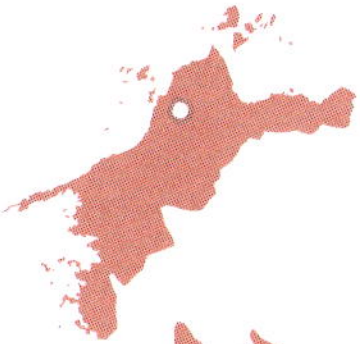

仙台《せんだい》

松山《まつやま》

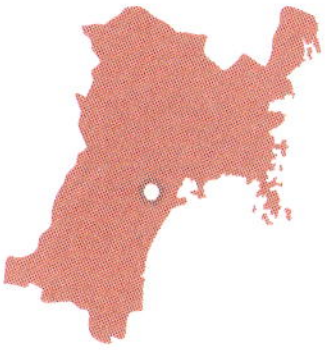

水戸《みと》

津《つ》

※かいとうは 202 ページ

親子の会話例

どの果物がどの県の特産物なのか一緒に調べてみよう。

うん！（と言って日本地図ポスターを用意する）

リンゴは北の寒い地方のほうが美味しく育つんだよ。

そうだね。青森県は寒いの？

うん。スイカは南の地方のほうが美味しく育つんだね。

※この問題を解く前に、巻末にある日本地図ポスターを子どもと一緒に見てから解くと、より興味を持ってもらいやすくなります

おやべんドリル しゃかい⑤

つぎのとくさんぶつと　とどうふけんを
せんでつなごう。

鳥取県《とっとりけん》

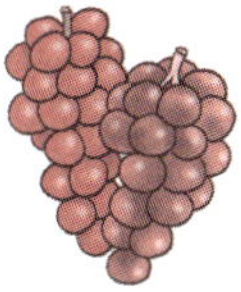

栃木県《とちぎけん》

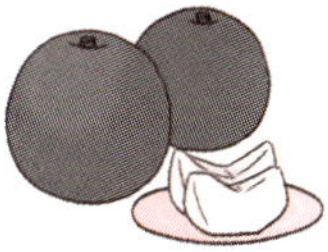

熊本県《くまもとけん》

青森県《あおもりけん》

山梨県《やまなしけん》

※かいとうは 203 ページ

親子の会話例

九州地方と沖縄の特産物、知ってる？　一緒に調べてみようか。

うん。

〇〇くんは、この中で何が好き？今度スーパーに行ったときに、〇〇くんが好きな特産物があるか、探してみようか。

やりたい！

佐賀県の特産物って何かな？　お母さんに教えて。

※この問題を解く前に、巻末にある日本地図ポスターを子どもと一緒に見てから解くと、より興味を持ってもらいやすくなります

おやべんドリル
しゃかい⑥

きゅうしゅうちほう・おきなわの　とくさんぶつを　つないで
スタートからゴールまで　いってみよう。

START
スタート

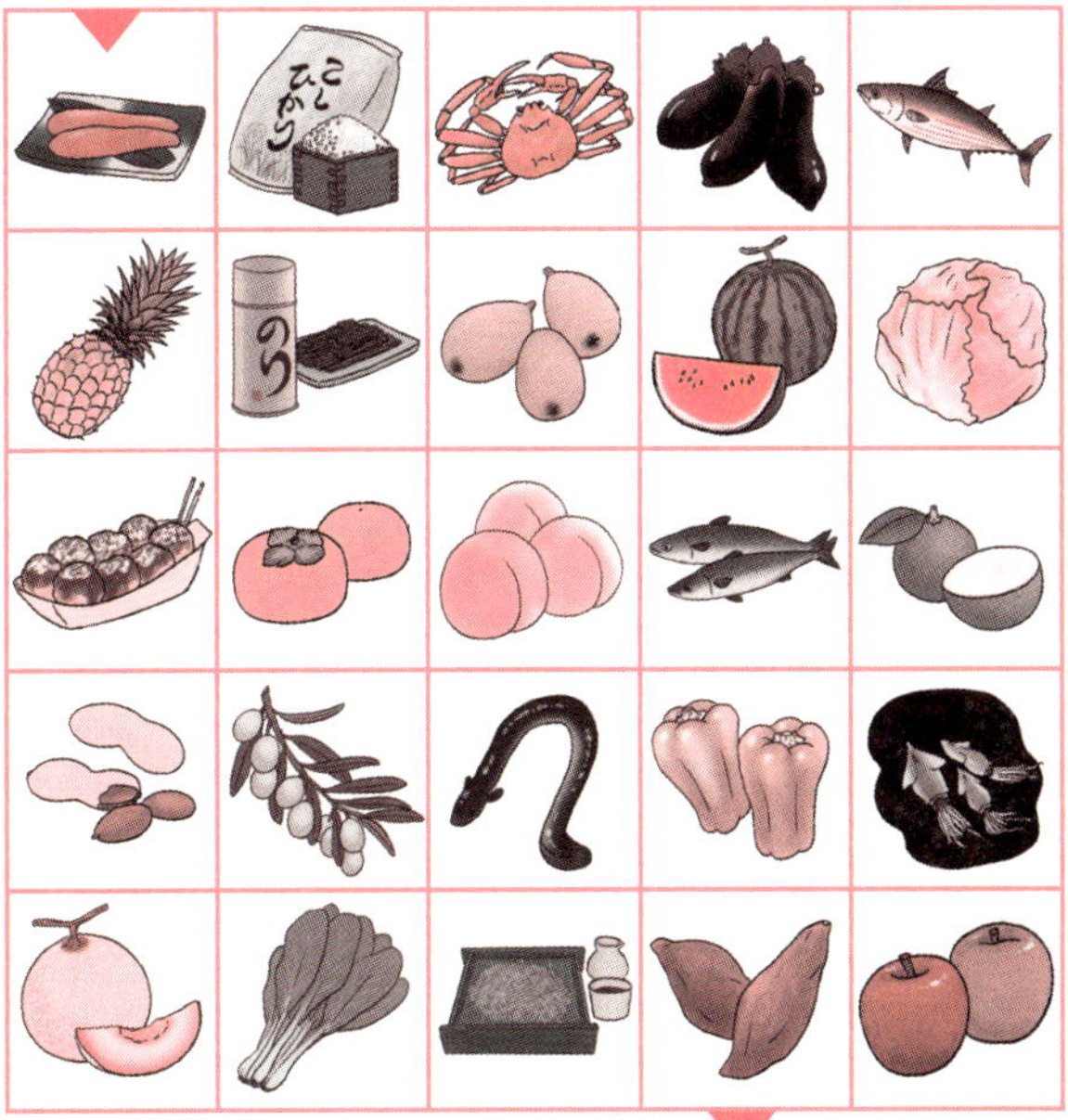

GOAL
ゴール

※かいとうは 203 ページ

第5章

親のストレスをなくす！子育てQ&A

子どもに本を買っても読みません。どうすれば、自分から本を読むようになりますか。

A **本を読む子どもに育つかどうかは、お母さんご自身が本に興味を持っているかどうかが大きく関わってきます**。私は、最低でも２週間に１度は書店に行き必ず何か本を買う、という生活を10年以上続けています。幼いときから親と書店に行くことが当たり前になっている娘は、時間ができると「本屋さんに行ってくる」と言って興味のある本を探してきます。

自分がいまぼんやりと興味があるものを視覚化する場所として書店に行くのは、とても良い習慣だと思うのです。ですからお母さんは、図書館、あるいは本屋さんに通うところから始めてみてください。

そして、本好きな子どもはリビングでは育ちにくいとも考えています。私自身は電車の中や外出先のカフェで本を読みます。家では他のことが気になって読みすすめられないからです。実はこれ、子どもも同じ。他の兄弟が大きな音を立てて何か遊びを始めると気になりますし、テレビが目に入るとＤＶＤを見たくなります。**「本を読むしかやることがない」という環境に身を置くと、自然と読み始めるものです**。

ディズニーランドやレストランでの待ち時間、レストランでの食後の時間を利用するのも良いですね。そして、意外におすすめなのがトイレの時間。これらはすべてスキマ時間です。ただし、**スキマ時間に本を読ませるには、なぞなぞのような一問一答や、ひとつの話が短く見開き１ページで完結するような本が適しています**。これなら、途中から読み始めるのも、やめるのも簡単です。

子どもがやりたがっているので、習い事をさせようと思います。どのようなことに気をつければ良いでしょうか？

A **習い事を子どもにさせるなら、週に２つまでが適当**だと考えます。子どもがやりたいという習い事をやらせたい、と思うのは親心としてよくわかりますが、習い事は、親が思っている以上に時間がかかるものです。子どもの家庭での活動時間から算出すると、週２つくらいが限界です。試しに計算してみましょう。子どもの帰宅時間を15時、就寝時間を21時と設定した場合、活動時間は６時間。そのうち、習い事に行く時間が往復も入れて（多く見積もって）２時間半、食事やお風呂の時間を１時間とすれば残り２時間半です。この中に、毎日のピアノの練習や読み聞かせなどの家庭学習を１時間組み込むと、子どもが自由に使える時間はたった１時間半です。**家庭で自由に過ごせる時間は、長い人生の中で唯一この時期しかない貴重なものであり、本来子どもの特権**でもあるはずです。
それからお母さんたちが意外と判断できないのは、習い事を辞めるタイミングです。元来あきっぽい子どもは、自分から「〇〇やりたい」と言い出したのに、数ヶ月したら「やっぱり辞めたい」と言い出すことが多々あります。「ここで辞めさせたら、忍耐力がつかないのではないのかしら」と不安に思うお母さんは、なかなか辞めさせる決断がつかないようです。しかしそもそも習い事は、何のために習うのでしょうか。目的意識を持つことが大切です。もし、忍耐力をつけるのが目的で習い事を始めるのであれば、「水曜日は洗濯当番ね」というふうに、家事を分担させたほうがよっぽど良いと思います。

男の子と女の子の親です。性別によって叱り方は変えたほうが良いでしょうか？

A 変えたほうが良いです。**男の子はその場で叱り、女の子は人目のないところで叱る**ことです。

男女によって考え方や嗜好が違う「性差」は幼い子どもにも既に備わっています。男の子が憧れるヒーローは強くかっこいいだけでなく、ちょっとドジだったり、お色気に弱かったりとダメな部分もチャームポイントとして描かれます。一方、女の子が憧れるヒロインは、かわいくてキレイで優しいのが常です。この憧れの対象と叱り方とは密接な関係があるのです。何か悪いことをして、仲間の前で叱られるヒーローを男の子が見ても特に何も思いません。でもこれが女の子の場合、たとえば舞踏会のシーンでシンデレラが叱られていれば、「シンデレラ、かわいそう」と思ったり、「そんなに叱らなくても」と、叱っている相手に敵意を持ったりします。**女の子は他者の目を気にする生き物**です。保育園や幼稚園で「〇〇ちゃんの服って変だよね」と友達に言われたら、自分が気に入っていた服でも二度と着て行こうとはしません。また、ある一定の年齢になると**他者に笑われることにも敏感になります**。幼い女の子が大人の口調を真似する様子を見て「かわいいな」と、ついくすっと笑うことがありますが、それを「バカにされた」と思い、「私のことで笑わないで」と言われたことのあるお母さんはたくさんいらっしゃると思います。こうしたことを踏まえて男の子と女の子とで叱り方を変えると、親子関係もスムーズにいく可能性が高くなります。

もうすぐ子どもが小学1年生になるのですが、ひらがなが鏡文字になってしまいます。同い年の子どもはすでに完璧に書けるので不安です。どうすればいいですか？

A 結論から言うと、**鏡文字は気にしなくても大丈夫。勝手に直ります**。このお悩みは、特に男の子のお母さんに多いようです。女の子は4歳ぐらいになるとお手紙の交換ごっこに憧れるので、自然と文字に興味を持ちます。しかし、男の子の間ではそういった遊びはなかなか見られず、体を動かす遊びを好みます。女の子は文字に興味を持ちやすいけれど、男の子は興味を持ちにくいというのが一般的なのでしょう。そうはわかっていても、周りの子どもができていてわが子にできないことがあると、心配するお母さんが多いのもわかります。このタイミングで強制的に学習塾に入れたり通信教育を始めたり、家庭学習用にドリルを購入して子どもに与えたりするお母さんも多いようですが、私はあまりすすめません。そんなことをすると、子どもはますます字を書くのが嫌いになってしまうからです。

ではどう対応したらよいのでしょうか？　何もしなくて大丈夫です。小学校にお任せしましょう。

なぜ、学校に任せて良いと自信を持って言えるのかというと、**いまの日本でひらがなを読み書きできない大人はいない**からです。また、小学校3年生で鏡文字を書いている子どもは経験上いません。それだけ多くの人ができるようになることなのです。だから、放っておいても大丈夫です。

息子は小学1年生ですが、落ち着きがありません。先生の話をじっと聞けたことがありません。どうすれば落ち着きのある子になりますか？

A 結論から言うと、**お母さんが思うような落ち着きのある子にはなりません**。どうか良い意味であきらめてください。私は、男の子はマグロのようなものだと思っています。マグロは口を開けて泳ぎますが、これはエラを通過する水から酸素を取り入れて呼吸するためです。泳ぐのをやめると窒息するので、いっときも休まず高速で泳ぎ続けなくてはいけません。女の子はおままごとやお絵かきなど、遊び相手がいれば一日家で過ごせますが、**男の子は体を動かさないと遊んだ気持ちになれません**。私も授業で何度四苦八苦したことか（トランプゲームをするときは、ハエたたきを渡してカードを取らせるなど、1アクション加えると楽しんでやります）。**男の子は暇さえあれば見えない敵と戦っています**。街にいる子どもを見てください。先日も私は横断歩道にいる男の子を見かけたのですが、信号待ちのわずかな時間に、見えない敵に対して変身ポーズをとったりキックやパンチをしたりと目まぐるしく動いていました。長期の休みには自転車でウロウロしている男子中学生を見かけます。女子中学生は、どこかに行く手段として自転車に乗りますが、男子中学生は、ただウロウロする行為に魅力を感じるのです。マグロのように「そういう生き物」だと思って、良い意味であきらめてください。いまは「こんなに落ち着きがなくて大丈夫かしら」と思うかもしれませんが、一定の年齢になり**仕事やプライベートで忙しくなると、自然と落ち着きます**。また、体を動かすための方法もスポーツへと変わってきます。だから無理に落ち着かせようとしなくても大丈夫です。

7歳の息子を持つ母親です。
ゲームをとり上げようかどうか迷っています。
どのように考えれば良いでしょうか。

A 最近、ゲームを作る仕事をしている方と話をしたのですが、いかにいまのゲームがやめられない仕組みになっているのかを切々と感じました。ゲームにはまりやすい子どもの場合、**事前にルールを決めることが重要**です。たとえば、ゲームをやっても良い時間は17時から18時までの1時間のみ。やるときには、子どもが自分でタイマーをかける。約束を守らなかったときはペナルティとして3日間はゲーム禁止。こんな風に決まりごとを作ります。**ルールを決める最大の理由は、親側がイライラしないため**。その仕組みを作れるのなら、私はゲームを許しても良いと思っています。すでにゲームを買ってあげている人も、今日からルールを作りましょう。朝、ゲームをやる時間を作る方法もあります。「着替え、洗面、歯磨き、学校の準備が全部終わったら、ゲームをやっていいよ」と決めれば、子どもはゲームやりたさに動きます。実際にやっているお宅に聞くと、効果抜群とのことでした。**NGなのは、全て子どもに決めさせること**です。責任が何か理解できない子どもに決めさせても、実行できないのは当然です。必ずお母さんも関わってルール作りをしてください。なおわが家は、娘にゲームをさせませんでした。ホームパーティーなどの際、必ず子どもたちがポータブルゲーム機を持ち寄っていましたが、わが家では家族で話し合って不必要と判断し、絶対に与えませんでした。しかし娘が駄々をこねたことはありません。親の覚悟を見せたからだと思います。**子どもは親の覚悟を感じ取れば、友人に貸してもらうなど別の方法を探します**。

子どもから「なぜ勉強するの？」と聞かれると、とても困ってしまいます。なんと答えれば良いのでしょうか。

A

「**強く生きるため**」とお答えになるのはいかがでしょうか。低学年の時期は、子どものベースを作る大切な時期でもあります。その期間に強くなることを教えることは、とても大切なことです。よく「人に優しくしなさい」と言いますが、**いまの時代、優しいだけでは生きていけません。優しさよりも強さがあってはじめて、この世の中を生き抜いていけます**。実は私の娘は園児の頃、とても感受性の豊かな子どもでした。年中の発表会では練習の達成感からエンディングで涙が出てくるような子でした。卒園間近になると、みんなと離れたくない一心で、泣きながら登園していたほどです。しかし小学校に入学すると、今度は別の涙を流すようになりました。同級生の男児から理由なく暴言を吐かれたり叩かれたりすることにナーバスになったのです。このとき私はこう言いました。「優しくならなくてもいいから、強くなりなさい」と。優しい子どもの特徴として、傷つきやすい、ということが挙げられますが、傷つきやすいことは、生きていくうえで致命的です。**傷つかないようにと周りに合わせると、かえって自分が傷つくことになります**。ＳＮＳの発達により、あちこちに悪口があふれているのが常になりました。そんな中で自分の考えを確立していなければ、傷ついてばかりいることになります。**最初から「好かれたい」という見返りを求めず「こうしたい」という自分の意見を貫くこと。そして多少嫌われても、簡単に自分の意見を変えないこと**。その覚悟を備えるためには、学ぶことこそ自分の血となり、肉となるのです。

8歳の息子は忘れ物が多く、なかなか直りません。どうしたら直りますか？

A　大人になったら忘れないようになります。**まずはお母さん自身が「まあいいか」と流す訓練をしましょう。**

中には忘れ物をしないようにいちいちチェックしてあげたり、忘れ物をすると学校に届けたりするお母さんがいます。しかしこれをくり返していると、子どもはいつまでたっても忘れ物をし続けます。

学校の先生に、「〇〇君は忘れ物が多いです」などと注意を受けると、お母さんは忘れ物をさせないようにしようと非常に気にしますよね。でも当の本人はいかがでしょう？　おそらく忘れ物をするほとんどの子どもは、全く気にしていません。なぜ気にしていないかというと、忘れ物をしても全く困っていないからです。つまり、痛い目に遭ってもそれを痛いとは思えない幼い感性なのです。この幼い感性が育たない限り、結局のところ忘れ物はなくなりません。

では、いつ頃から忘れ物をしなくなるかというと、男の子なら高学年から中学生にかけてです。女の子は男の子よりも早い時期に忘れ物に気を付けるようになりますが、結局中学生ぐらいまでは、忘れ物が続きます。

「そんなので大丈夫？」と思うかもしれませんが、大丈夫です。あなたが仕事上付き合いのある方で、頻繁に忘れ物をする人はいますか？　いませんよね。いたとしても、重要なものは忘れていないはずです。**大人になれば、誰もが大事なものは忘れないように工夫します。**ですから、子どもの忘れ物も「22歳までに直るから」とおおらか構えていてほしいと思います。

親子の会話例

りんごって英語で何て言うか知っている？

アップル！

正解！じゃあ、一文字目はなんのアルファベットで始まるか知っている？

A！

そうだね。じゃあ、Aをなぞってみようか。

おやべんドリル えいご①

「A」のもじを　つなげてみよう。
どんなえが　でてくるかな？

※かいとうは204ページ

親子の会話例

bearって日本語で何のことかわかる？

うーん。

くまさんだよ。じゃあ、ここのbの文字をつなげてみようか。

くまさんになった！

そうだね。他にbから始まる英語って何があるか、一緒に調べよう。

おやべんドリル えいご②

「b」のもじを　つなげてみよう。
どんなえが　でてくるかな？

※かいとうは 204 ページ

親子の会話例

Cherryって日本語で何のことかわかる？

さくらんぼ！

正解！じゃあ一文字目はなんのアルファベットで始まるかな？

C！

じゃあ、Aから一緒になぞってみようか。

※この問題では、アルファベットの順番を一緒に調べてから解くと理解が深まります

おやべんドリル
えいご③

「AからZ」までのもじを　じゅんばんに　つなげてみよう。
どんなえが　でてくるかな？

※かいとうは205ページ

親子の会話例

duckって日本語で何のことかわかる？

うーん、わからない。

あひるのことだよ。
aからzまで順につなげてみようか。
どんな絵が出てくるかな？

やってみるね。

他にdから始まる英語って何があるのか一緒に調べよう。

おやべんドリル えいご④

「a から z」までのもじを　じゅんばんに　つなげてみよう。
どんなえが　でてくるかな？

※かいとうは 205 ページ

親子の会話例

MOUSEって日本語で何のことかわかる？

ここにあるねずみ？

そうだね！ゴールまで、何回MOUSEが出てくるかな？

1、2……

他にMから始まる英語には何があるのか、一緒に調べよう。

おやべんドリル
えいご⑤

「M→O→U→S→E」のじゅんばんに　すすんで
スタートからゴールまで　いってみよう。

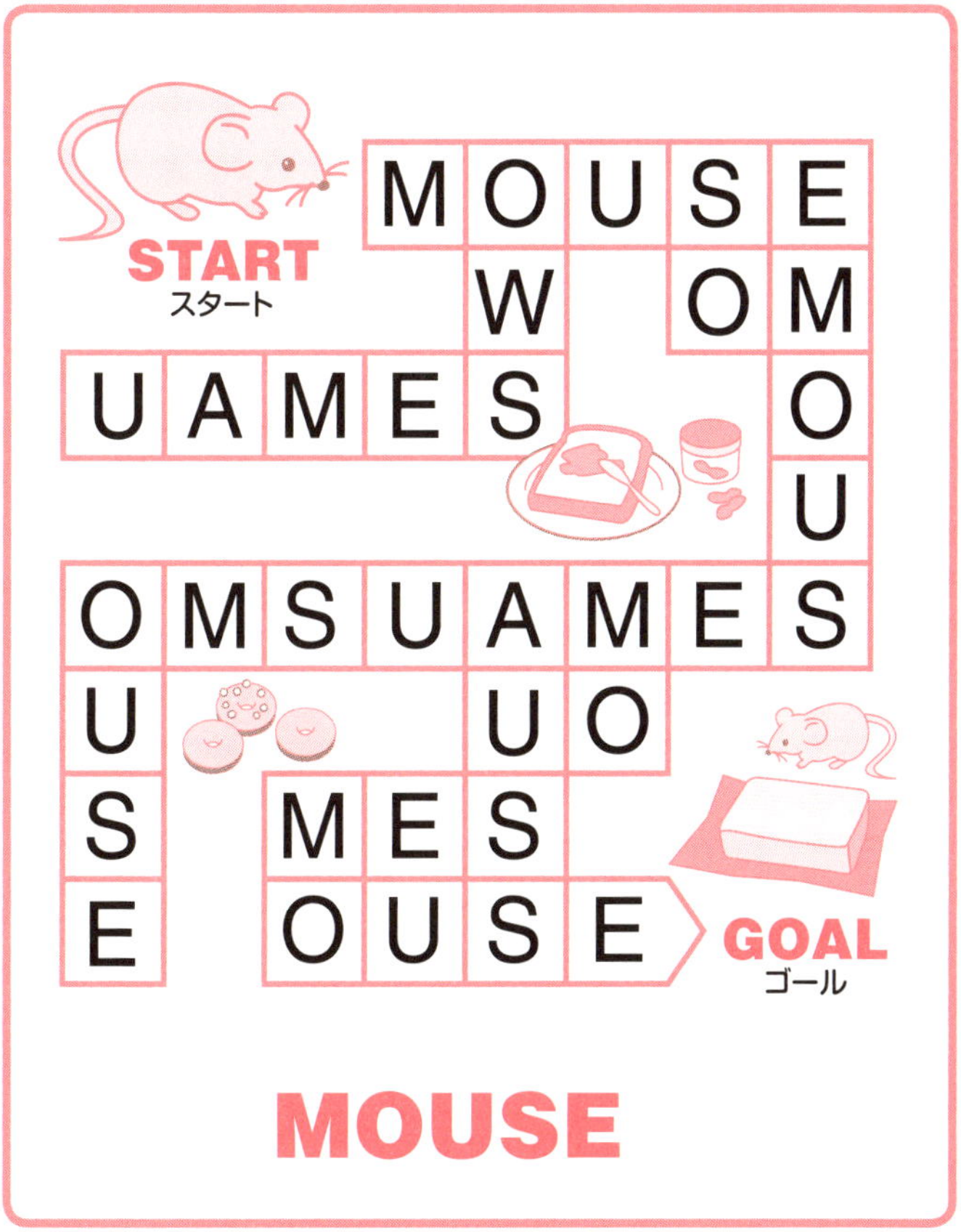

※かいとうは 206 ページ

親子の会話例

sheepって日本語で何のことかわかる？

ひつじ？

そうだね！ゴールまで、sheepの文字をたどってみようか。

sheep……

他にsから始める英語って何があるのか一緒に調べよう。

おやべんドリル
えいご⑥

「s→h→e→e→p」のじゅんばんに　すすんで
スタートからゴールまで　いってみよう。

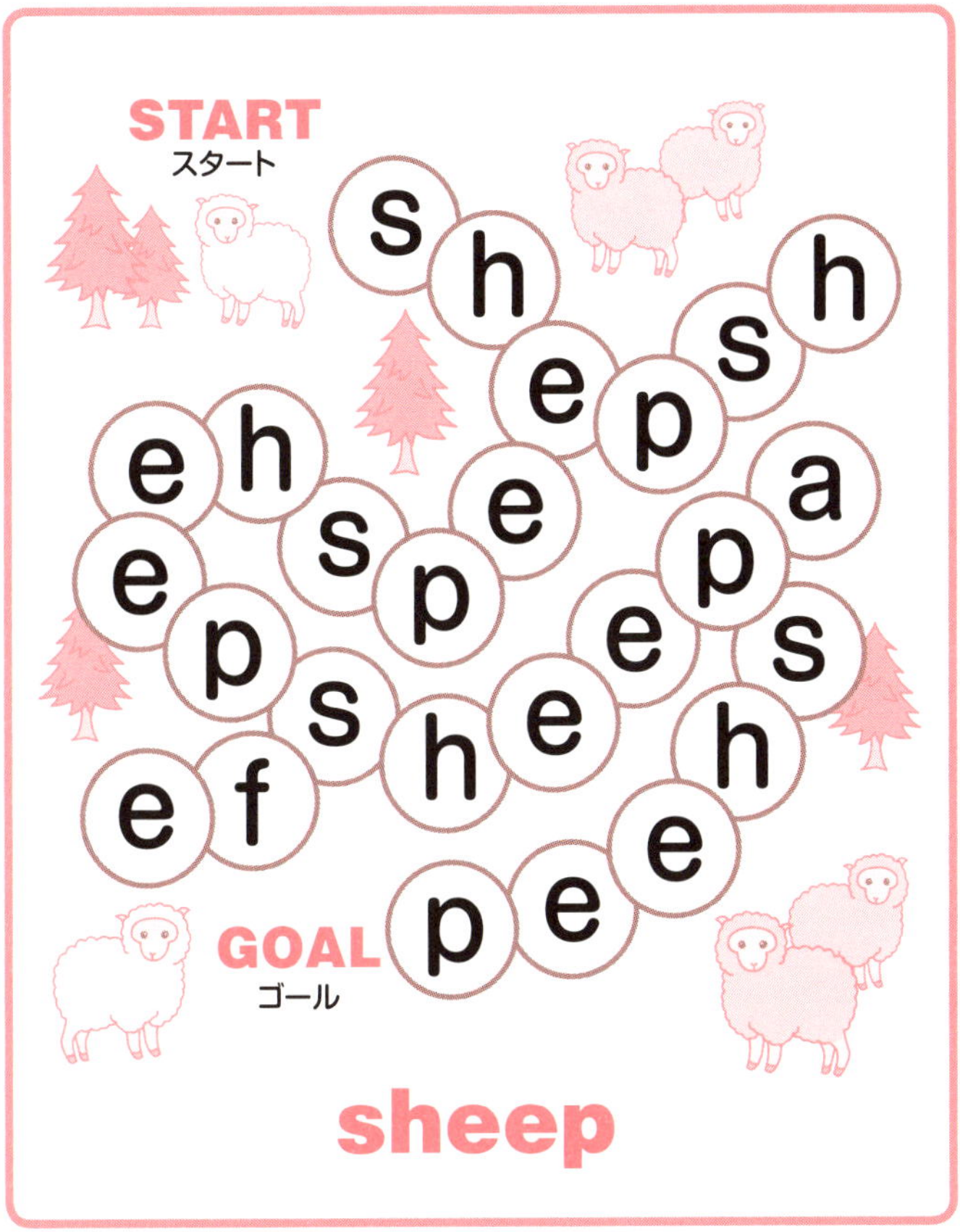

※かいとうは206ページ

第6章

楽しみながら学んだ子どものその後

［静岡県・中島あきこ］

部首トランプを始めてから、漢字の習得に熱心に取り組んでいます

小1の娘が幼稚園の頃、親勉の部首トランプで遊ぶようになり、その後の展開に驚きました。以前購入した辞書の付録「小学生で習う漢字一覧」を出してきて、小4〜小6で習う漢字を片っ端から読み、「これはカードに出てきたね」「カードの漢字とここが違うね、なんて読むの？」など熱心に聞いてきます。頭の中に漢字を勉強する「軸」ができて、より興味を持ち、吸収しやすくなったようです。親勉をやると、既存の知育教材もさらに効果的に活用できるようになると実感しています！

［小1女子・Aちゃん］

ゲームをしながらかん字をおぼえるおやべんがだいすきです

親勉をならいはじめて「部首」を知りました。親勉のカードは赤色がついているし漢字が大きいのでとても分かりやすいです。難しい漢字が多いけど、部首のとなりを少し変えるだけでいろんな漢字ができることや、一つのかん字に読み方がいくつもあることを知ってすごく楽しい。頭をつかってゲームをしながらのほうがかん字を覚えやすいと思う。学校のかん字の勉強は、バランスを考えて書くとか、何画で書くとかの説明だけで楽しくない。

[東京都・ほりみのり]

「小学生の間に英検３級を取る！」息子自ら目標を掲げる姿に感激です

「小学６年までに英検３級取得」。小２の長男が自分で掲げている目標です。本人の口から聞いたときは、衝撃でした。長男が年長のときに親勉を始め、即、英検Jr.を開始。小２で英検Jr.ゴールド、英検５級に合格し、いまも継続中です。以前、英検５級を受験した後、私が弱気になって４級受験を見送ったら、「何でだよ、受からなくてもまた受ければいいだろ」と本人から叱られました。英検を受ける意味を理解しているからこその頼もしい発言。親勉は、親も子も成長させてくれる勉強法です。時間のないフルタイムワーママに、特にオススメです！

[小２男子・Sくん]

英語はキツイけど楽しい。お母さんとの英語しりとりが好き。

ハッキリ言って、英語を覚えるのはキツイよ。でも、やってて楽しいことがたくさんある。まず、bookを読むこと。もともとオレ、本読むの好きだから。それから英検を受けること。やっぱりさ、受かるとうれしいから。
いま一番好きなのは、お母さんとやる、英語しりとり。この間、yellowの次にオレがwrinkleって言ったら、「そんな単語知ってるの？スゴイ！」とほめてくれたよ。お母さんが意味を忘れていたから「しわだよ、しわ！」って教えてあげたんだ。

[埼玉県・林加奈子]

年齢は違っても一緒に遊べる！
子どもの会話が知的になる喜びも

「おーしょぉへいはちろ」（大塩平八郎）と言いながら、当時３歳になりたての息子が歴史人物カードめくりを始めたときは驚きました。息子は、当時小学５年と２年の娘と一緒に遊んで知識が広がり、会話が知的になるのが楽しかったようです。すぐに70人ほどのカードを覚えてしまいました。娘たちは親勉を始める前は、宿題をするのもやっとの状態でした。それがいまや金閣寺や二条城に本気で興奮しています。年齢の異なる子どもたち同士が家の中で同じ教材で遊べることが、親勉をやってよかったと思える最大の魅力です。

[小４女子・Ｈちゃん]

親勉で歴史を学んで歴史好きに！
金閣寺を見たときはうれしかったです

親勉を始めてからしばらくして、親が金閣寺に連れて行ってくれたのがとてもうれしかったです。親勉を始める前は歴史のことはよくわからなかったけど、カードでたくさん遊んで、歴史まんがが大好きになりました。まんがに出てくる金閣寺とか二条城が見たくて、たくさんがんばって連れて行ってもらいました。歴史人物がいたところに自分もいると思うとワクワクします。でも私が足利義満だったらもっと大きい金閣寺を建てるのになぁと思いました。夢は日本にあるお城全部に行くことです。

［宮城県・おおたちはる］

親勉を始めてから親の私がワクワク！ワーママにもオススメの方法です

親勉を始めてから、息子は歴史が大好きになりました。宿題のことで怒っていた頃のことが嘘のようです。先日は４歳の妹に、歴史人物と時代が当たると豆電球がつくオリジナルのおもちゃを作るなど、遊びと勉強の境目なく取り組んでいます。親勉を実践すると日常に学びのタネがたくさんあると気づき、子どもとのわずかな時間でどう一緒に勉強しようかとワクワクします。何より私が１番楽しんでいるかもしれません（笑）。嬉しいのは「自分はできる！」という自信をつけられること。時間のないフルタイムワーママにもオススメです！

［小３男子・Mくん］

歴史が好きなので、自分でゲームを考えました

これは僕が考えた歴史人物バトルゲーム。トランプで攻撃したりガードします。１番強いのはペリー。黒船でドッカーンと大砲を爆発させます。明治天皇は明治時代の人が何でも言うことを聞くカードです。野口英世は黄熱病、杉田玄白は解体新書の解剖で攻撃します。足利義満と義政の金閣寺、銀閣寺カードも強いです。英検５級は３回落ちて最悪だけど次も絶対受けるつもり。僕は歴史と英語が得意なので、普通より勉強ができると思います。（親勉で販売している歴史人物トランプを使ってゲームを作ったという事例です）

［神奈川県・鈴木よしの］

遊ぶように学ぶスタイルで子どもを叱らないようになりました

親勉に出会うまで、思うように勉強しない子どもを叱ることがやめられませんでしたが、いまは放置です。自分からカードを持ってきて、暇さえあればクイズや古今東西を始めます。
大事なのは自分で決めること。失敗してもリカバリーすること。いやいや生きるのでなく楽しさに変換する力。生き方そのものの捉え方が変わりました。息子は生まれつき体が弱いのですが、のびのびと遊ぶように学び楽しむ息子に、頼もしさを感じています。

［小４男子・Ｓくん］

トランプで地図の勉強をし始めたらお母さんが怒らなくなった！

親勉を始めるようになって、お母さんが怒らなくなった。つまらないドリルやらなくていいし、遊んでいる間に覚えてるって楽しい。先生と都道府県クイズを出し合っても勝てるし、教科書よりトランプ遊びのほうが分かりやすい。（各都道府県にある）川や湖やお寺の名前が分かるからうれしくて、また調べたくなる。花や木にも進化があるってポケモンみたいでびっくりした。親勉のトランプはどこにでも持ち歩いてる。知りあったいろんな人と遊べて、僕の知らないことを勉強できるからおもしろいんだ。

[沖縄県・小早川怜奈]

親勉を始めて娘との会話時間が増え、娘も前より勉強を楽しめるように！

娘はもともと読書家。小学校に上がってからも、宿題は淡々とこなすタイプで、親のほうから勉強にはあまり関わっていませんでした。仕事や他の妹弟の世話もあり、娘と接する時間をじっくり確保できず、後ろめたい気持ちもありました。しかし親勉を始めて、車内などのスキマ時間で会話する機会が格段に増え、娘との時間がとても濃密になりました。知識を得る楽しさを知った娘は、辞書を自発的に使うなど、以前よりも生き生きと勉強に取り組んでいます。

[小１女子・Kちゃん]

お母さんと一緒に星の名前をしらべるのがとても楽しいです！

私はお星様が好きです。絵本で流れ星を見たからです。
毎日、学童の帰り道に「今日のお月様はどんな形かな？あのお星様は何かな？」と眺めていました。そしたらお母さんが星座トランプを買ってくれました。
全部のお星様に名前があること、いろいろな形を作っていることを知り、ワクワクしました。いまは、お母さんと一緒に星の名前を調べたり、星座の意味を辞書で調べたりするのがとても楽しいです。

おわりに

先日、訪問先の地下にあるトイレで、ある大学生とすれ違いました。就職活動中の学生です。面接前なのか、鏡に映る自分を見つめ、身支度を整える彼女の顔は、真剣そのもの。ふと個室に入ると、ピンクの財布が置かれていることに気が付きました。「いま見た大学生のものに違いない！」。慌てて追いかけましたが、残念ながら間に合いませんでした。そこで私は持っていたメモに手紙を書き、ビルの守衛さんに届けました。


「どうか財布を忘れたことに気がつくのが、面接後でありますように」

「もし面接中に気がついても、落ち着いて、対応できますように」

こんなふうに祈らずにはいられませんでした。

仕事柄、私は小学生の子どもを持つお母さんの前で話す機会が多いのですが、毎回「忘れ物が多い」とか「宿題をしない」といった様々なお悩みを聞いています。そこで毎回、「子育てのゴールは、自立です。だから、世話をするのではなく、子どもが自立できるように促すのがお母さんの仕事です」と話しています。つまり、就職試験でトイレに財布を忘れたことに気がついても、落ち着いて試験に臨める強い気持ちを持てる将来の大人を育てるために子育てしていることになります。

人間、こういうハプニングに遭うと、本番でミスしてしまうなど、学力ではまかなえないケースも出てきます。あとは本人がこれまでどう生きてきたかという資質に関わってきます。かといって、この学生が第一志望の会社に就職できたとしても、その会社のネームバリューなどのイメージ先行で入社していたら、この先、どんな未来が待っているのでしょう？　配属された部署の業務内容や人間関係にストレスを感じ、簡単に辞めてしまう新入社員の話はいまどき珍しくもありません。

私は、生きるうえでの一番の幸せは、好きなことを仕事にできることだと考えています。そのためにも、遊びながら学ぶことを通して「勉強は楽しい！」と心から思い、自分からすすんで勉強する感覚を身につけてほしいと願っています。なぜなら、そのことを経験した子どもたちは、将来遊ぶように仕事をする可能性が高いからです。何かを楽しいと思える気持ちは最強で、さらなる追求心や、没頭できる集中力を生みます。それは勉強でも仕事でも、同じ原動力だと思うのです。

もちろん勉強でも仕事でも、困難な壁にぶつかることは必ずあります。それを乗り越えられるか否かは、「好き」という気持ちが大きく左右します。好きだから頑張れる、好きだから続けられる。そういう気持ちを吸収力の高い時期に学び、育てていってもらいたいと思います。

最後になりましたが、この本を執筆するにあたって全国に240名いる親勉インストラクターにお礼を申し上げます。みなさんの協力がなければ、本書を形にすることはできませんでした。特にマスターインストラクターの作田美紀子さん、まきのみさおさん、西原亜紀子さん、中村由佳莉さん、金井詞子さん、かとうきさよさんに心より感謝しています。

そして、私が駆け出しの頃からずっと応援してくださっている荒かずみさん、牧綾子さん、ほりみのりさん、林加奈子さん、いつも本当にありがとうございます。3年前、たった4人の受講生から始まった親勉が、いまこうして全国に広まりつつあるのは、みなさんが支えてくださったおかげです。本当にありがとうございます。

また、今回この本を執筆するきっかけをくださった著者の山口拓朗さん・朋子さんご夫妻にも感謝を申し上げます。

２０１７年７月

小室尚子

こくご①
(41ページ)

答　体
忘　顔　組
技　願
浴　頭　妹
教　佳
住　指　海

こくご②
(43ページ)

□も木《き》から落《お》ちる

□の威《い》を借《か》る狐《きつね》

□歩《ほ》

生《い》き□の目《め》を抜《ぬ》く

窮《きゅう》□猫《ねこ》を噛《か》む

答　体
忘　顔　組
技　願
浴　頭　妹
教　佳
住　指　海

◀ こくご③
(45 ページ)

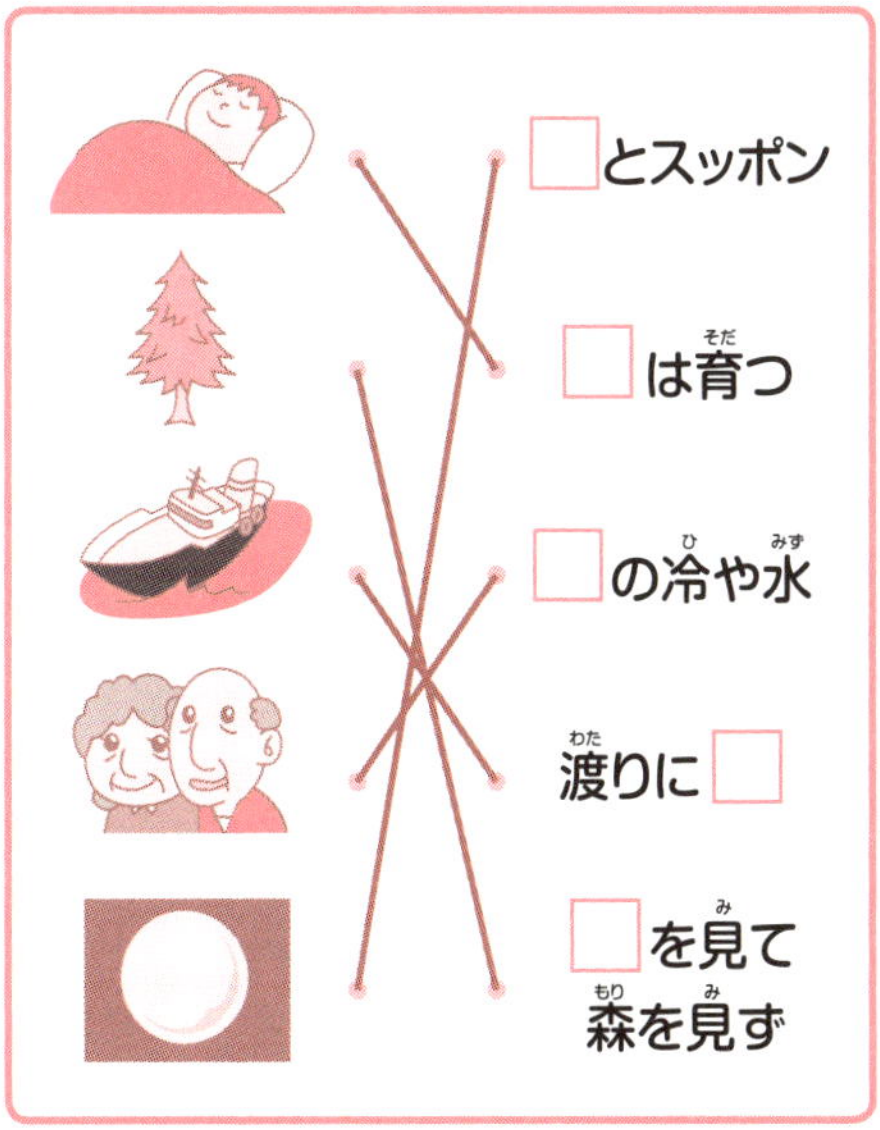

□とスッポン
□は育《そだ》つ
□の冷《ひ》や水《みず》
渡《わた》りに□
□を見《み》て
森《もり》を見《み》ず

◀ こくご④
(47 ページ)

こくご⑤
(49ページ)

START スタート

和	秋	軽	林	理
粉	炎	焚	杏	森
波	野	部	叶	波
時	体	道	辻	海
校	箱	机	迷	粒

GOAL ゴール

こくご⑥
(51ページ)

START スタート

体	兎	級	深	伊	緒
組	海	港	仙	細	治
免	党	住	続	佐	測
消	兄	佳	池	体	絹
仁	素	活	完	液	和
線	温	付	仏	約	湖
伝	位	粉	練	代	元

GOAL ゴール

さんすう①
(79ページ)

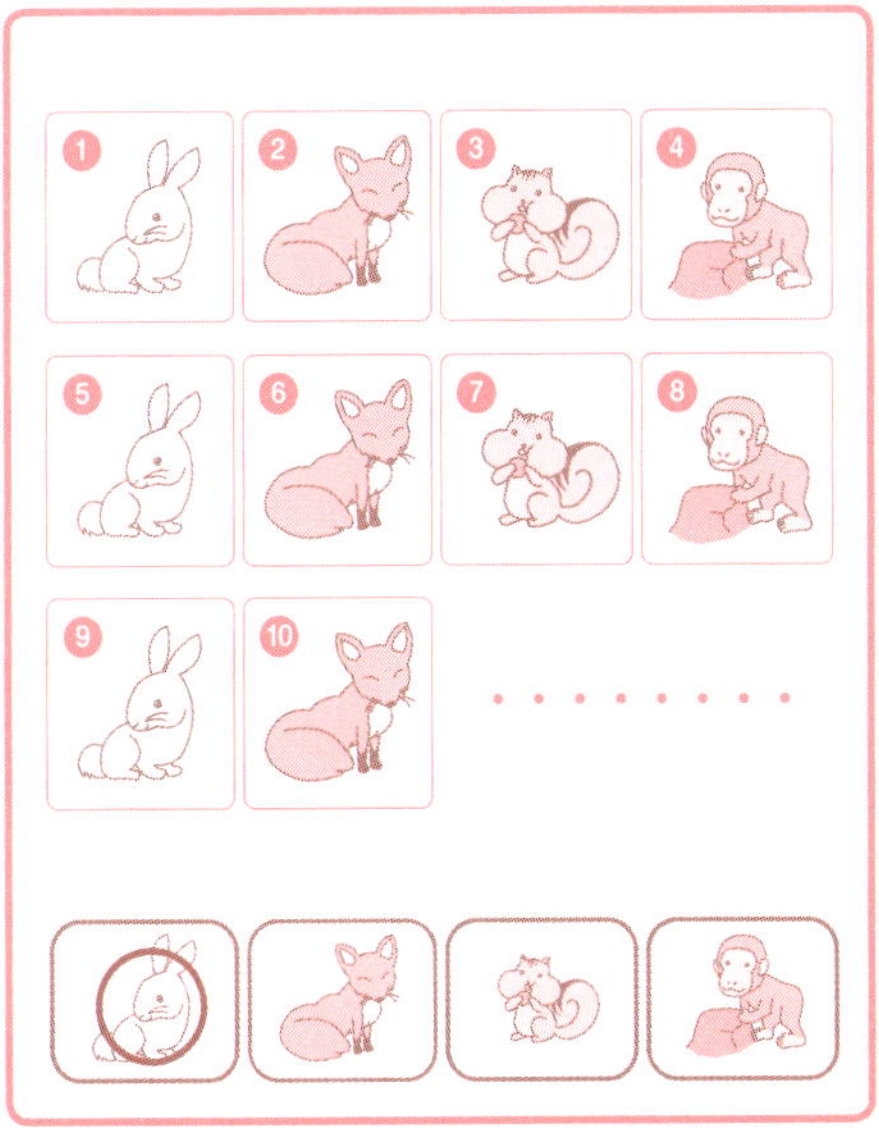

さんすう②
(81ページ)

さんすう③
(83 ページ)

さんすう④
(85 ページ)

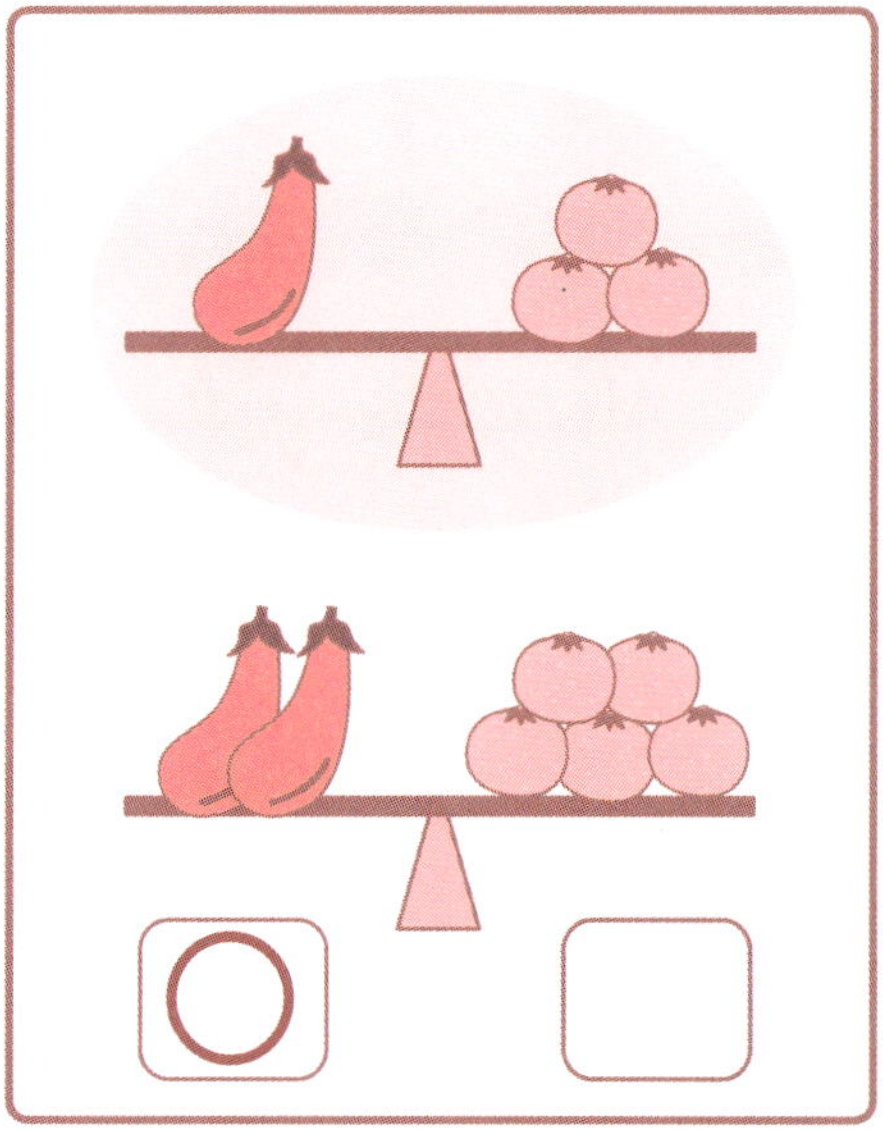

6匹全てあひるだと仮定すると、
足の本数の合計は、2本×6匹＝12本
ところが、問題の足の本数は合計20本で
あるため20－12＝8本
この足の本数の差分、ひつじがいる。
ひつじとあひるの足の本数の差は、
1匹につき4本－2本＝2本であるため、
8÷2＝4　6匹中4匹がひつじである。
よってあひるは、6－4＝2匹となる。

ひつじ　4　匹《ひき》　とり　2　羽《わ》

◀ **さんすう⑤**
(87ページ)

◀ **さんすう⑥**
(89ページ)

解答

りか①
(115ページ)

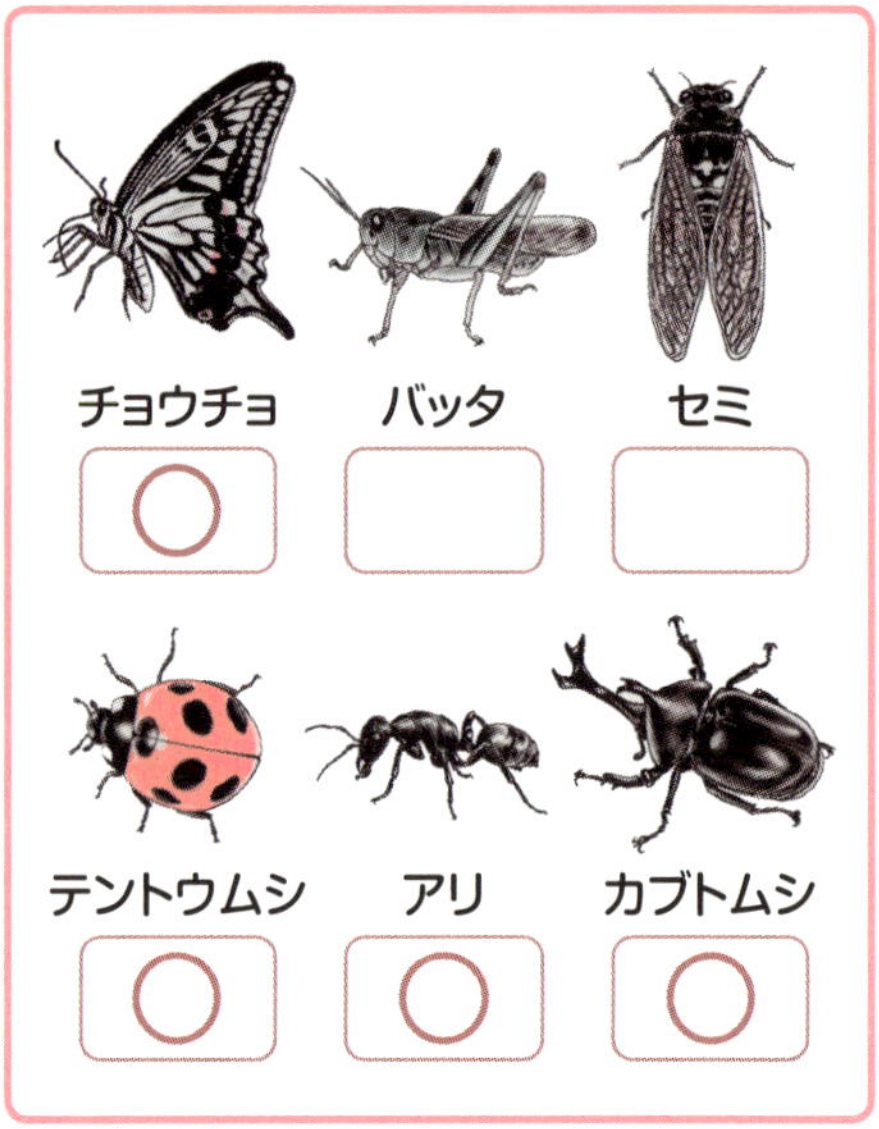

りか②
(117ページ)

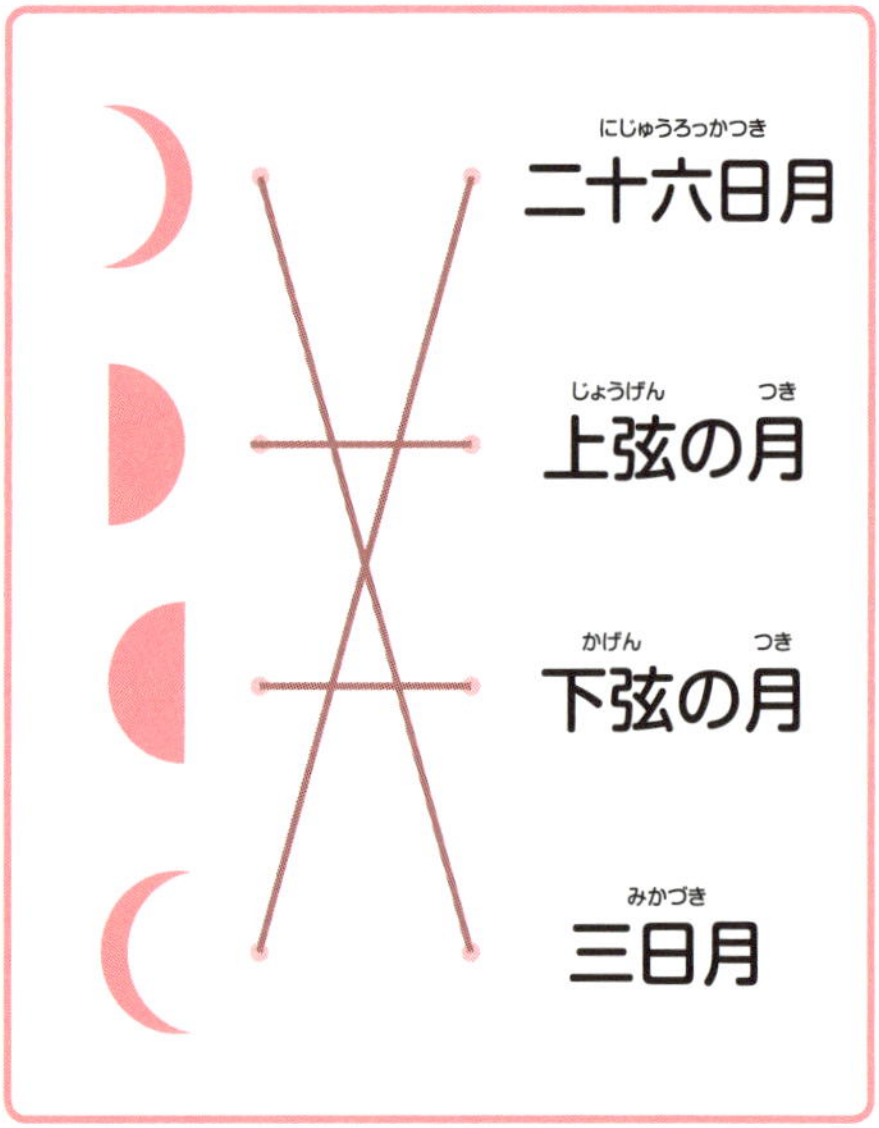

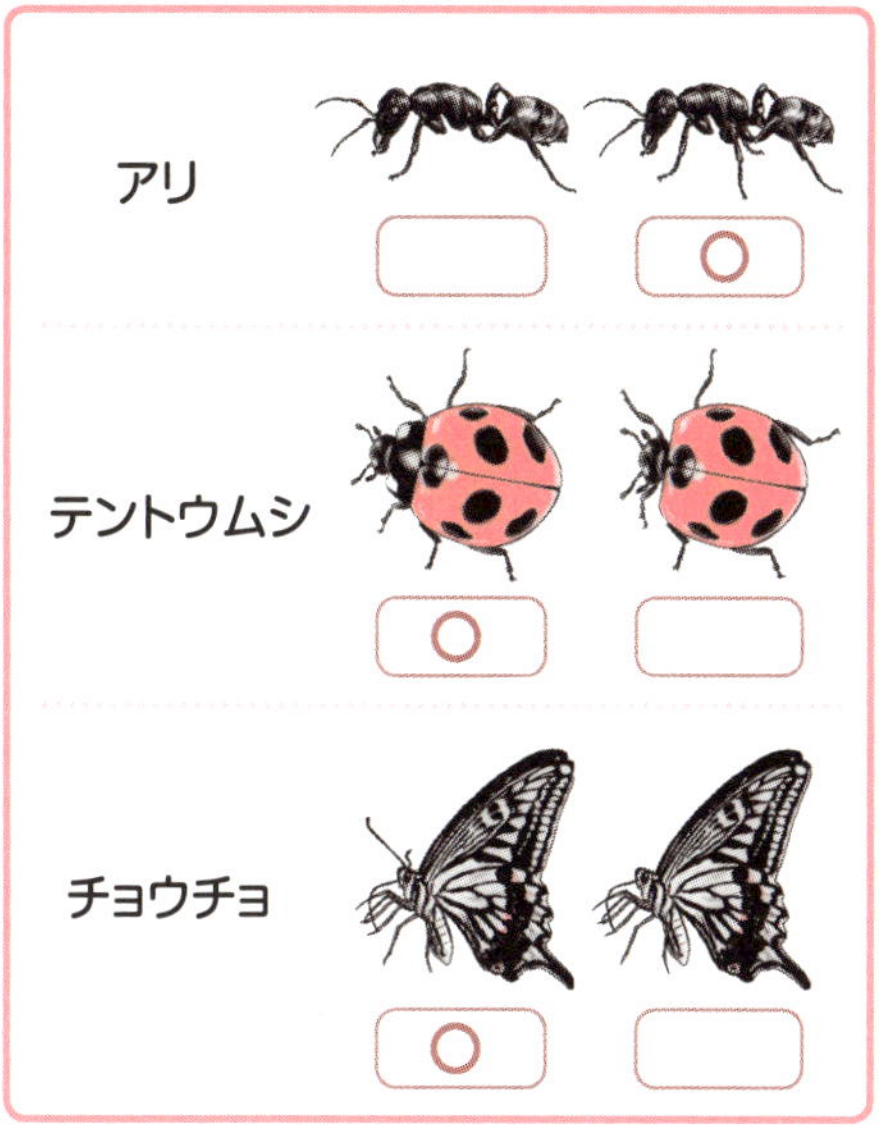

りか③
(119ページ)

りか④
(121ページ)

りか⑤
(123ページ)

昆虫の羽は、胸からはえています。

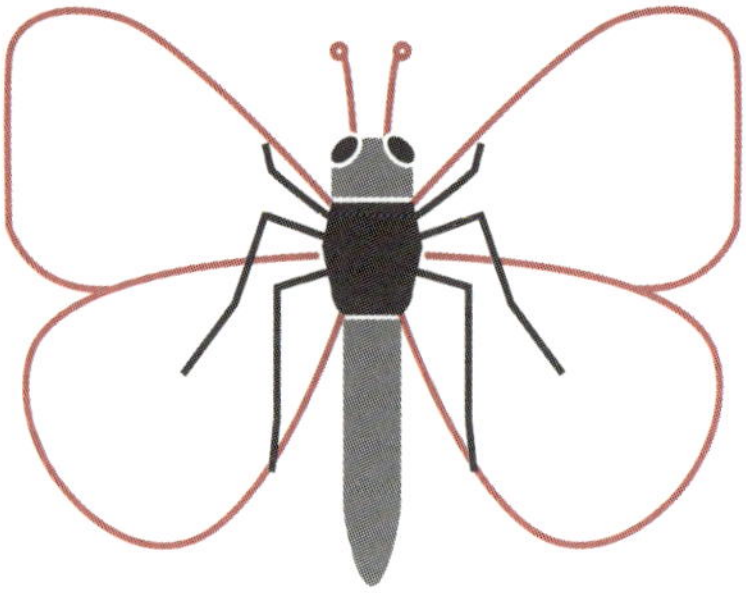

りか⑥
(125ページ)

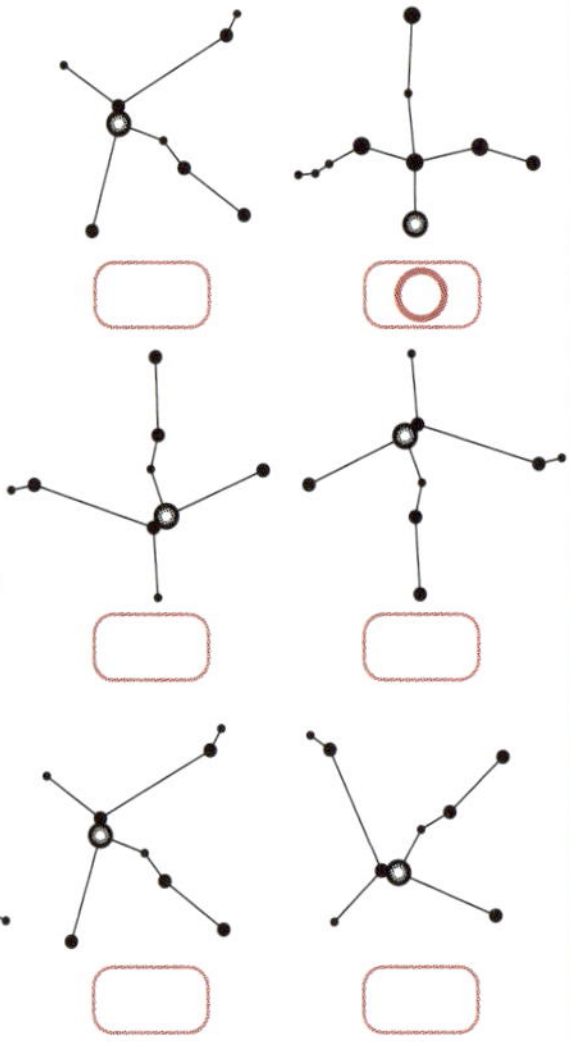

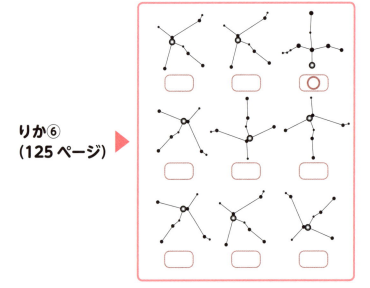

◀ しゃかい①
(147 ページ)

◀ しゃかい②
(149 ページ)

解答

しゃかい③
(151ページ)

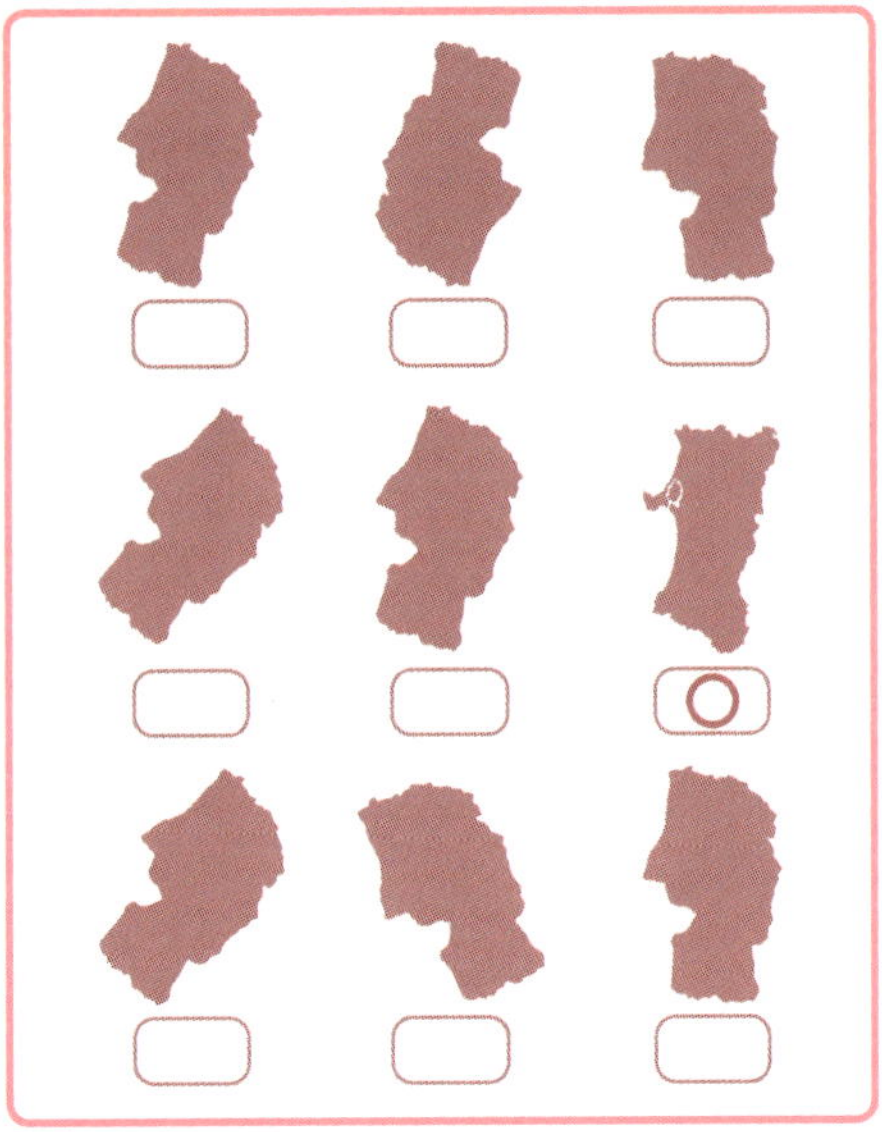

しゃかい④
(153ページ)

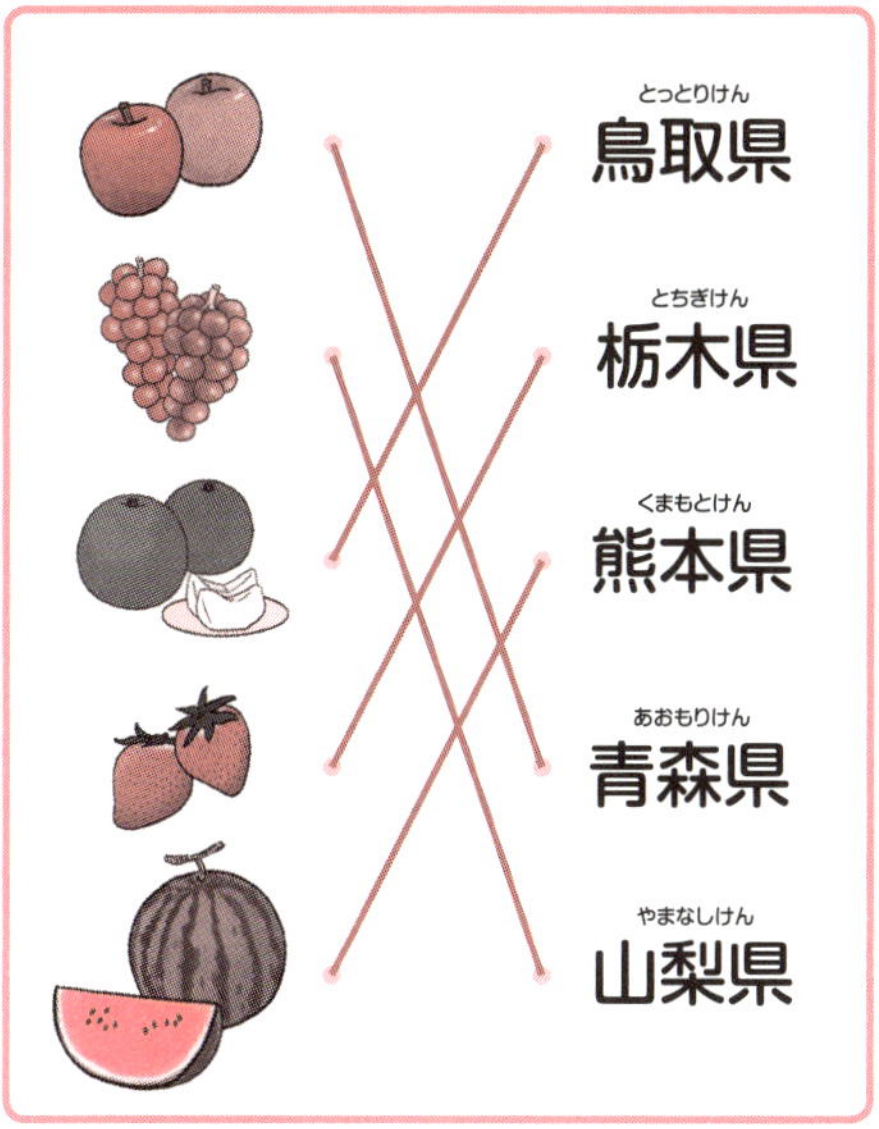

しゃかい⑤
(155ページ)

しゃかい⑥
(157ページ)

えいご①
(169 ページ)

Apple

えいご②
(171 ページ)

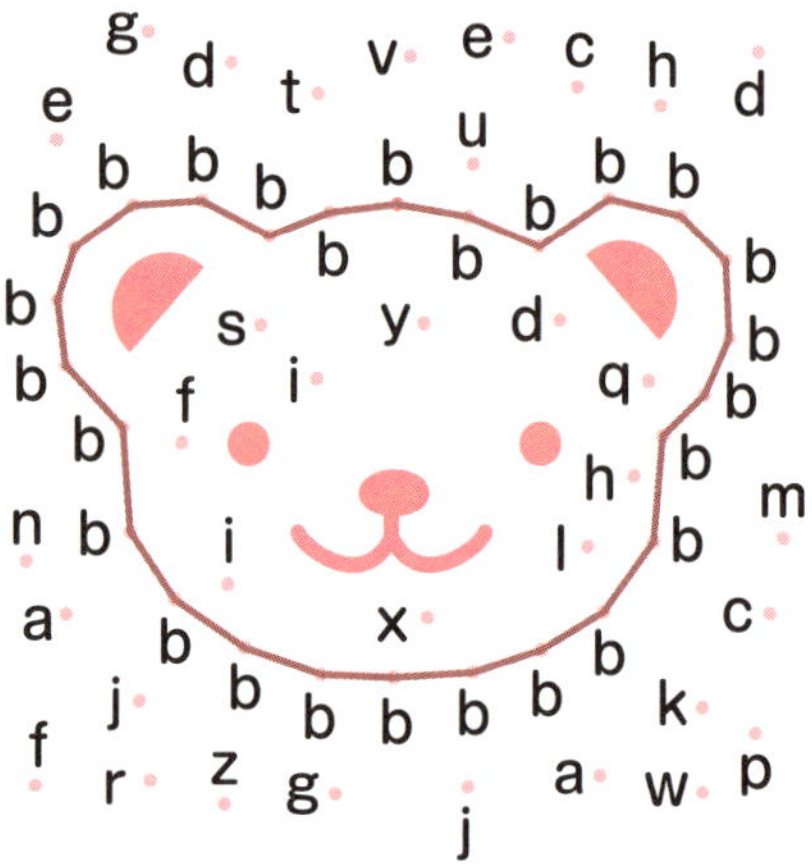

bear

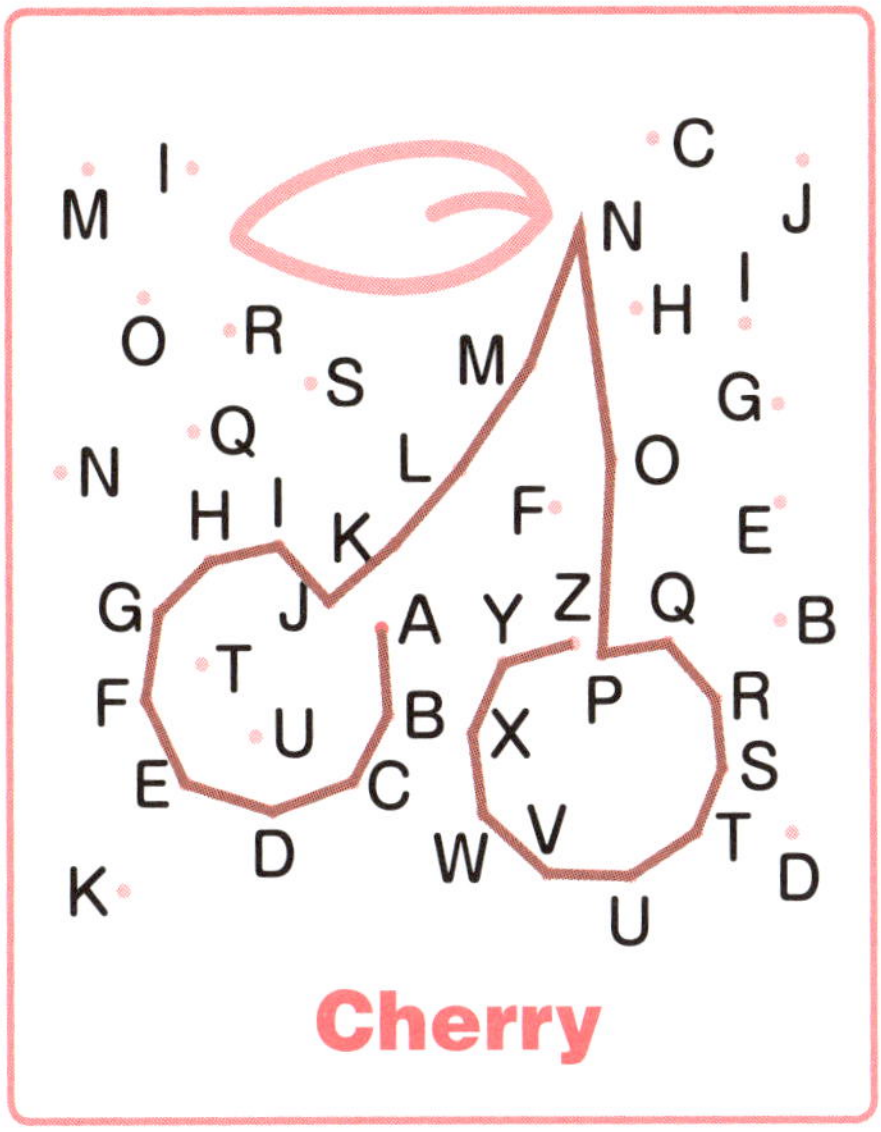

えいご③
(173ページ)

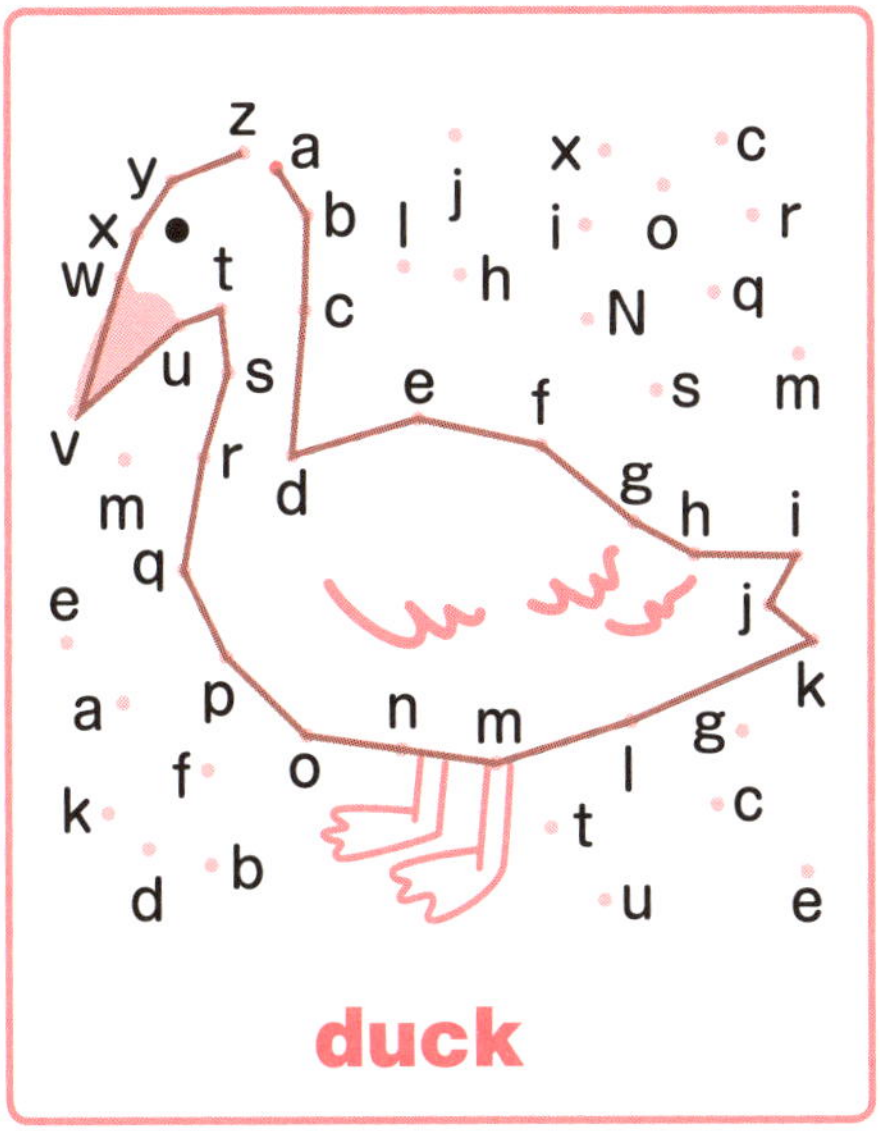

えいご④
(175ページ)

えいご⑤
(177ページ)

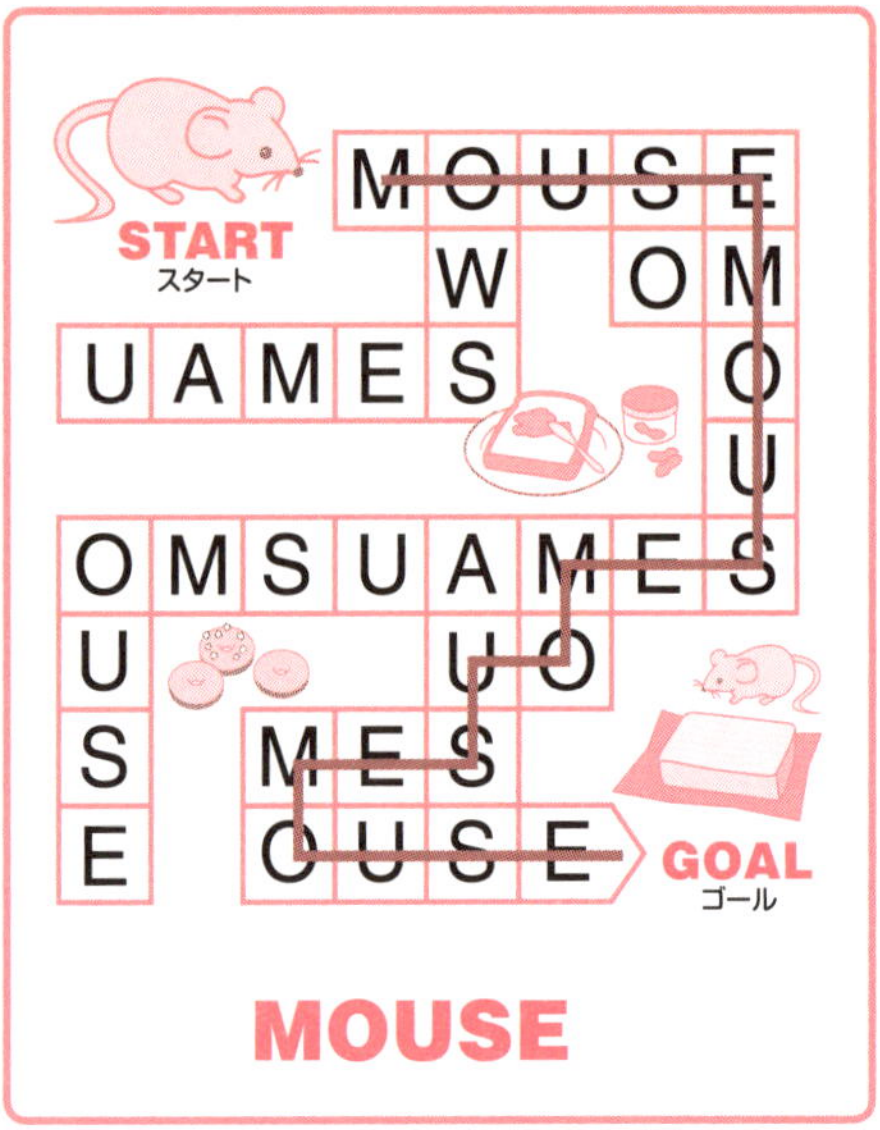

えいご⑥
(179ページ)

小室尚子（こむろ・なおこ）

一般社団法人日本親勉アカデミー協会代表理事。

山形県出身。大学卒業後、営業事務の仕事を経て結婚。夫の海外赴任で香港へ。現地で家庭教師をしたことをきっかけに、教えることに目覚める。帰国後、専業主婦として子育てをしていたが、「わが子を入れたい塾がない！」という思いから、2005年に学習塾 Terakoya Kids を設立。小学校受験・中学校受験に800人以上の生徒を合格させる。2014年より「親勉（おやべん）アカデミー」を主宰。勉強を遊びに変えてわが子に教える家庭教育法「親勉」を提唱。全国でインストラクターを養成しつつお母さん向けにセミナーを行い、6000世帯以上の親子に遊びながら学ぶ楽しさを伝える。2016年、日本親勉アカデミー協会を設立。「部首トランプ」「歴史人物トランプ」など、オリジナルカルタやトランプなどの教材開発も多数手がける。2017年6月末現在、親勉インストラクターは海外を含め240名以上、受講生は6000名以上にのぼる。高3の娘の母でもある。

著書に、『楽しく遊ぶように勉強する子の育て方』（日本能率協会マネジメントセンター）がある。ほか、読売新聞、女性自身、Comoなど、メディア掲載実績多数。

◆日本親勉アカデミー協会　ホームページ
http://oyaben.com

小学校に入学後、3年間で親がやっておきたい子育て

2017年8月9日　初版発行
2022年9月1日　3刷発行

著　者　小室尚子
発行者　野村直克
発行所　総合法令出版株式会社
〒103-0001 東京都中央区日本橋小伝馬町15-18
EDGE小伝馬町ビル9階
電話　03-5623-5121
印刷・製本　中央精版印刷株式会社

ISBN 978-4-86280-568-3
総合法令出版ホームページ　http://www.horei.com/